C.H.BECK WISSEN

in der Beck'schen Reihe

Das deutsche Außenministerium nennt sich bis heute Auswärtiges Amt. Es unterscheidet sich dadurch von allen anderen Bundesministerien. Seine Geschichte, allerdings konzentriert auf die Zeit des Nationalsozialismus und deren Folgen, ist durch die Veröffentlichung «Das Amt und die Vergangenheit» (2010) in ein breiteres öffentliches Interesse gerückt. Auch vor diesem Hintergrund gibt das Buch einen konzisen Überblick über die Geschichte des Auswärtigen Amts und des Auswärtigen Diensts zwischen Kaiserreich und der Bundesrepublik der Gegenwart. Es beschreibt Aufgaben und Tätigkeitsfelder deutscher Diplomatie im Wandel der politischen Systeme und der internationalen Beziehungen. Es beschäftigt sich mit den deutschen Diplomaten, ihrer sozialen Herkunft, ihrem Selbstverständnis und ihrem beruflichen Handeln. Einen zentralen Darstellungshorizont des Buches bildet die Frage, ob das Auswärtige Amt der Gegenwart mehr mit dem 1870/71 gegründeten Auswärtigen Amt des Kaiserreichs verbindet als nur die gleich gebliebene Bezeichnung.

Eckart Conze, geboren 1963, ist Professor für Neuere Geschichte an der Philipps-Universität Marburg. Er war Sprecher der Unabhängigen Historikerkommission zur Geschichte des Auswärtigen Amts in der Zeit des Nationalsozialismus und der Bundesrepublik und ist einer der Autoren des Buchs «Das Amt und die Vergangenheit». Conze beschäftigt sich mit deutscher, europäischer und internationaler Geschichte des 19. und 20. Jahrhunderts. Er hatte Gastprofessuren an den Universitäten Bologna, Toronto und Cambridge inne.

Eckart Conze

DAS AUSWÄRTIGE AMT

Vom Kaiserreich bis zur Gegenwart

Verlag C.H.Beck

Originalausgabe

Gesamtherstellung: Druckerei C.H.Beck, Nördlingen
Umschlagentwurf: Uwe Göbel, München
Umschlagabbildung: Amtssiegel © www.veikkos.com
Printed in Germany
ISBN 978 3 406 63173 3

www.beck.de

Inhalt

I. Kapitel: Diplomatie und Diplomaten

Das deutsche Außenministerium nennt sich bis heute Auswärtiges Amt (AA). Diese Bezeichnung geht zurück auf das 1870 gegründete Auswärtige Amt des Norddeutschen Bundes, das zwischen 1871 und 1945 als Auswärtiges Amt des Deutschen Reiches in Kaiserreich, Weimarer Republik und nationalsozialistischer Diktatur existierte. Als die Bundesrepublik 1951 ihr eigenes Außenministerium errichtete, nannte sie es wieder Auswärtiges Amt, eine Bezeichnung, die es von allen anderen Bundesministerien unterscheidet.

Über die Geschichte des Auswärtigen Amts ist in den letzten Jahren viel diskutiert worden. Anlass dafür war das Buch «Das Amt und die Vergangenheit», Ergebnis der Forschungen einer 2005 von dem damaligen Bundesaußenminister Joschka Fischer eingesetzten Unabhängigen Historikerkommission. Deren Untersuchung konzentrierte sich auf das Auswärtige Amt des Dritten Reiches, auf die Beteiligung des Ministeriums und vieler seiner Angehöriger an den nationalsozialistischen Verbrechen und auf den Umgang mit dieser NS-Belastung sowie ihren Folgen nach 1945. Eine Geschichte des Auswärtigen Amts von seiner Gründung im 19. bis an die Schwelle der Gegenwart im 21. Jahrhundert ist «Das Amt» jedoch nicht, und ein solcher Überblick fehlt bis heute. Diesem Mangel möchte das vorliegende Buch abhelfen. Es möchte die existierende Forschung zur Geschichte des Auswärtigen Amts bündeln und eine konzentrierte institutionengeschichtliche Gesamtdarstellung bieten.

Damit liefert das Buch auch einen Beitrag zur Geschichte von Diplomatie und Diplomaten. Diplomatie wird immer wieder als eine universalhistorische Praxis, fast so alt wie die Menschheit selbst, bezeichnet. Das ist richtig und falsch zugleich. Natürlich gab es schon in der Antike, zum Teil noch früher, kommunikative Verbindungen und ein Boten- oder Gesandtenwesen zwischen Stämmen, Städten oder frühen Staatsgebilden, und wir wissen, dass diese Praktiken zum Teil festen Regelwerken unterworfen waren, zu denen nicht zuletzt der Schutz der Boten oder Gesandten gehörte. Aber die moderne Diplomatie, so wie wir sie heute verstehen, mit ihren Strukturen, Instrumentarien und Praktiken, ist doch eine Entwicklung späterer Zeiten. Ihre Entstehung ist eng verbunden mit dem Aufstieg des europäischen Territorialstaats seit dem 15., vor allem aber im 16. und 17. Jahrhundert. Diese Territorialstaaten formierten sich in einem internationalen System, in dem sie permanent interagierten und in dem sich nicht zuletzt vor dem Hintergrund von Kriegführung, Bündniswesen und dynastischer Politik bilaterale und multilaterale Beziehungsstrukturen herausbildeten. Zu diesen gehörte der sich intensivierende Austausch von Gesandten, aus dem schließlich ein ständiges Gesandtschaftswesen hervorging. Im Prozess der Staatsbildung und der Verrechtlichung des Staatensystems beschränkte sich das Recht, Gesandte oder Botschafter zu entsenden, zunehmend auf souveräne Staaten, ja es wurde, darin dem Recht zur Kriegführung nicht unähnlich, ein auch völkerrechtlich näher bestimmter Ausweis staatlicher Souveränität. Aber auch die diplomatische Immunität und die Exterritorialität der Gesandtschafts- oder Botschaftsgebäude wurden in dieser Zeit völkerrechtlich fixiert.

Freilich fehlte bis ins späte 18. Jahrhundert ein Begriff für diese zwischenstaatlichen Beziehungs- und Kommunikationsstrukturen, die ja keine Außenpolitik waren, sondern ein außenpolitisches Instrumentarium. Johannes Paulmann hat jüngst in einer begriffsgeschichtlichen Studie darauf hingewiesen, dass der Begriff «Diplomatie» vermutlich 1791 erstmals in einem französischen Druckwerk verwandt und 1798 in das Wörterbuch der *Académie Française* aufgenommen wurde. «Diplomatie» löste die Bezeichnung «l'art de négocier» ab, der zuerst 1792 von Robespierre gebrauchte «diplomate» den «négociateur». Nicht nur auf Grund seiner intensiven Kongressdiplomatie kann das 19. Jahrhundert bis hin zum Ersten Weltkrieg als Hochphase moderner Diplomatie gelten. Das lag auch daran, dass in diesem Zeitraum zum einen die Idee des autonomen Territorial- und Nationalstaats zu ihrer stärksten Ausformung gelangte, zum anderen aber die zwischenstaatlichen Beziehungen, nunmehr weitestgehend abgelöst von der Person eines Monarchen, eine bis dahin ungekannte Intensität erreichten. Überall in Europa beziehungsweise der europäisch-westlichen Welt institutionalisierten sich diplomatische Dienste, deren Personal sowohl in den diplomatischen Zentralen des Entsendelandes als auch in den diplomatischen Missionen des Auslands stetig wuchs. Dass die Staaten sich als gleichrangig anerkannten und sich auf den Boden des europäischen Völkerrechts stellten, war dabei eine prinzipielle Voraussetzung für die Aufnahme und Unterhaltung diplomatischer Beziehungen, in die daher Staaten außerhalb der europäisch-atlantischen Welt erst vergleichsweise spät einbezogen wurden.

Allgemein gilt, dass sich Diplomatie, ihre Funktionen und ihre Bedeutung, durch den Gestaltwandel des internationalen Systems, die Dynamik der internationalen Politik, die Transformation von Staatlichkeit (nicht zuletzt in den miteinander verflochtenen Prozessen von Transnationalisierung, Entterritorialisierung und Globalisierung) sowie durch die Entwicklung im Bereich der Kommunikationsmedien bis in die Gegenwart immer wieder verändert hat und weiter verändert. Dieser Wandel schlägt sich auch in dem seit dem beginnenden 19. Jahrhundert zu identifizierenden «Topos von der Unterscheidung zwischen ‹alter› und ‹neuer› Diplomatie» (Johannes Paulmann) nieder, der zu einem politischen Diskurs gehört, in dem immer wieder Formen und Praktiken der Diplomatie, zum Teil in kritischer Auseinandersetzung, auf den gesellschaftlichen und politischen Wandel bezogen und auf diese Weise den tatsächlich oder vermeintlich veränderten Zeitläuften angepasst wurden. Dieser Wandel widerspricht indes nicht der Existenz von Kernbeständen von Diplomatie, die sich im weitesten Sinne auf die offizielle Außenvertretung eines Staates und die Pflege seiner internationalen Beziehungen erstrecken, wie unterschiedlich auch immer in konkreten Konstellationen diese Funktionen definiert, ausgeformt und umgesetzt werden mögen.

Funktion und Aufgaben von Diplomaten und diplomatischen

Diensten sind abhängige Variablen dieser Entwicklungen, die, so wird es weithin gesehen, auf einen Bedeutungsverlust von Diplomatie – und damit Diplomaten – hinausliefen, der sich zur Gegenwart hin beschleunigt habe und in Zukunft noch weiter beschleunigen werde. Als 2010 die Internetplattform «Wikileaks» eine Vielzahl diplomatischer Dokumente veröffentlichte, changierten die Reaktionen angesichts der Banalität vieler Berichte und Korrespondenzen zwischen Staunen und Spott. Aber der Kampf gegen einen – tatsächlichen oder vermeintlichen – Bedeutungsverlust von Diplomatie und Diplomaten ist älter, und er zieht sich auch durch die Geschichte des deutschen Auswärtigen Amts seit 1870/71. Er kann individuelles Verhalten in spezifischen Situationen ebenso erklären helfen wie institutionelle Entwicklungen. Auch vor diesem Hintergrund fragt dieses Buch nach den Aufgaben und Tätigkeitsfeldern des Auswärtigen Amts seit der Zeit des Kaiserreichs. Wie war das Amt aufgebaut und organisiert? Wer waren die deutschen Diplomaten, aus welchen sozialen Schichten stammten sie, über welche Qualifikationen mussten sie verfügen? Wie also veränderten sich Auswärtiges Amt und Auswärtiger Dienst in den politischen und gesellschaftlichen Veränderungen in Deutschland im letzten Drittel des 19. und im 20. Jahrhundert?

In den Antworten auf diese Fragen gibt das Buch nicht nur einen historischen Überblick über eine wichtige politische Institution, sondern es beschäftigt sich auch mit der Geschichte einer politischen Funktionselite, die sich durch ein besonderes Selbstverständnis und einen ausgeprägten Korpsgeist auszeichnete, der durch soziale Faktoren ebenso bestimmt war wie – immer stärker – durch die professionellen Anforderungen und Tätigkeitsbedingungen, den aber auch die Gefahr eines Bedeutungsverlusts von Diplomatie und Diplomaten stabilisierte. Was bedeuteten dieses Selbstverständnis und dieser Korpsgeist für das Auswärtige Amt, die deutsche Diplomatie und die deutsche Politik in den politischen Systemtransformationen des 20. Jahrhunderts – 1918/19, 1933, 1945/49 – und angesichts grundstürzender Veränderungen internationaler Politik durch die europäische Integration oder die Globalisierung? Diplomatie ist nicht gleichbedeutend mit Außenpolitik, und daher schreibt dieses Buch keine Geschichte der deutschen Außenpolitik seit 1870/71. Aber es behandelt die Frage nach dem Zusammenhang von Außenpolitik und Diplomatie, und es betrachtet vor diesem Hintergrund sowohl die Entwicklung der internationalen Beziehungen und des internationalen Systems als auch der deutschen Außenpolitik als Handlungsrahmen der Diplomatie. Das impliziert die Frage nach den außenpolitischen Einfluss- und Gestaltungsmöglichkeiten des Auswärtigen Amts und seiner Diplomaten ebenso wie die Frage, was es bedeutete, dass das Auswärtige Amt nach 1871 das Auswärtige Amt des Kaiserreichs war, nach 1918 das Auswärtige Amt der Weimarer Republik, nach 1933 das Auswärtige Amt des Dritten Reiches und schließlich seit 1951 das Auswärtige Amt der Bundesrepublik. Nicht zuletzt in dieser Perspektive bildet die Frage, ob das Auswärtige Amt des beginnenden 21. Jahrhunderts mehr mit dem Auswärtigen Amt des Jahres 1870 verbindet als nur die gleich gebliebene Bezeichnung, einen zentralen Darstellungshorizont des Buches.

2. Kapitel: «Vornehmste Behörde des Reiches»: Außenpolitik und Diplomatie im Kaiserreich (1870/71–1918)

Am Anfang stand Bismarck. Nahezu zeitgleich mit seiner Ernennung zum preußischen Ministerpräsidenten übernahm Otto v. Bismarck am 8. Oktober 1862 auch das Außenministerium in Berlin. Sein Amtsvorgänger als Außenminister, Graf Albrecht v. Bernstorff, musste seinen Posten nicht nur räumen, weil er in dem Verfassungskonflikt zwischen Krone und Abgeordnetenhaus eher kompromissorientiert war, sondern auch, weil Bismarck die Fäden der Außenpolitik selbst und unmittelbar in der Hand zu halten trachtete. Denn preußische Außenpolitik umgriff in den 1860er Jahren zugleich die Beziehungen zu den anderen

Staaten des Deutschen Bundes, allen voran der Führungsmacht Österreich, sowie zu den Staaten außerhalb des Deutschen Bundes und insbesondere zu den europäischen Großmächten Großbritannien, Frankreich und Russland. Bismarcks Politik, die in den Jahren nach 1862 zur Auflösung des Deutschen Bundes, zur politischen Reorganisation Deutschlands unter preußischer Führung und schließlich 1870/71 zur Umwälzung des europäischen Staatensystems durch die Bildung eines deutschen Nationalstaats, des Deutschen Reiches, führte, bedurfte einer zentralen Schaltstelle, in der die Stränge der weit über Preußen hinausreichenden politischen Kommunikation zusammenliefen und Entscheidungen vorbereitet wurden. Anders auch als frühere Außenminister beabsichtigte Bismarck, selbst die Grundlinien der preußischen Außenpolitik zu bestimmen und dies nicht dem König zu überlassen. Zwar wies die preußische Verfassung dem König die Auswärtige Gewalt zu, doch de facto trat Wilhelm I. dieses Recht 1862 an seinen Ministerpräsidenten ab, der das außenpolitische Heft bis zu seinem Rücktritt als Reichskanzler fast drei Jahrzehnte später nicht mehr aus der Hand gab.

Das preußische Außenministerium, das sich in mehreren Stufen seit dem 17. Jahrhundert entwickelt und 1808 zum Ministerium für Auswärtige Angelegenheiten unter einem einzelnen Minister geworden war, befand sich damals in einem in friderizianischer Zeit errichteten Adelspalais in der Berliner Wilhelmstraße, die ihren Namen dem preußischen König Friedrich Wilhelm I., dem Soldatenkönig, verdankt. Nach und nach wurden die herrschaftlichen Häuser dieser Straße, die mit ihren großzügigen Gärten in den Tiergarten übergingen, im Lauf des 19. Jahrhunderts von Ministerien bezogen. Die Wilhelmstraße wurde zur Regierungsstraße. 1819 erwarb der preußische Staat das Haus mit der Nummer 76, das zwischenzeitlich auch für einige Jahre russische Botschaft gewesen war, und machte es zum Dienstsitz des Außenministeriums sowie zugleich zur Wohnung des Außenministers. Auch Bismarck wohnte und residierte nach seiner Ernennung zum Ministerpräsidenten und Außenminister dort. Im ersten Stockwerk des Gebäudes lagen die Wohnung der Familie sowie einige Repräsentationsräume, während das Erdgeschoss in sehr beengten Verhältnissen das Büro des Staatssekretärs, die politische Abteilung des Ministeriums und seine Verwaltung beherbergte. Der Rest der Behörde befand sich an anderen Stellen der Wilhelmstraße. Auch der Ankauf des unmittelbar benachbarten Gebäudes mit der Hausnummer 75 und der Umzug Bismarcks in die Wilhelmstraße 77 im Jahr 1878 konnten die Raumnot des Ministeriums nicht beheben. Sie blieb bis 1945 ein Dauerproblem der stetig wachsenden Behörde, die darum auch nie alle Abteilungen unter einem Dach vereinen konnte.

Bis 1867 war das preußische Außenministerium unter der Führung Bismarcks zugleich der Dienstsitz des Ministerpräsidenten, eine Art Staatskanzlei. Das änderte sich mit der Gründung des Norddeutschen Bundes nach dem preußisch-österreichischen Krieg von 1866, als dem Ministerium, ganz im Einklang mit der politischen Dominanz Preußens und der Tatsache, dass der preußische König als «Bundespräsidium» den Bund völkerrechtlich vertrat, die Auswärtigen Angelegenheiten des Norddeutschen Bundes übertragen wurden. Ausgenommen davon blieben allerdings alle Zoll- und Handelsfragen, also der gesamte Bereich der Außenwirtschaftspolitik, sowie Konsularangelegenheiten. Diese fielen in die Zuständigkeit des neu geschaffenen Bundeskanzleramtes, an dessen Spitze der preußische Ministerpräsident – Bismarck – stand. In seiner Person blieben die Auswärtigen Angelegenheiten sowohl Preußens als auch des Norddeutschen Bundes vereint, institutionell jedoch waren sie getrennt, wenngleich drei preußische und ein sächsischer Diplomat in das Bundeskanzleramt geholt und dort mit den Handelsfragen betraut wurden. Die machtvollere Institution war freilich eindeutig das preußische Außenministerium, das für die, wie man es damals sah, eigentliche Außenpolitik zuständig blieb. Wirtschaftspolitik und Konsularwesen hingegen, der «Großen Politik» klar nachgeordnet, konnten dem Norddeutschen Bund und seiner Bundesverwaltung zugeordnet werden. Auch das vollzog sich nicht ohne Widerstände, die beispielsweise aus den norddeutschen Hansestädten mit ihrem traditionell engmaschigen Netzwerk überseeischer Konsularbeziehungen kamen und die sich gegen die Zentralisierung dieser Beziehungen wehrten. Dass Zentralisierung stets auch Borussifizierung bedeutete, war offenkundig. Selbst im Bereich der Außenwirtschaftspolitik sorgte Bismarck für den Primat Preußens, indem nämlich bei Handelsverträgen die Zuständigkeiten geteilt wurden: Das preußische Außenministerium war für den «politischen» Teil solcher Verträge zuständig, während das Bundeskanzleramt die im engeren Sinne ökonomischen Fragen behandelte. Dahinter stand nicht zuletzt Bismarcks Erfahrung der 1860er Jahre, dass Handelspolitik und insbesondere Handelsvertragspolitik eine politische Bedeutung besaßen, die über das rein Wirtschaftliche weit hinausging. Dennoch entstand – auf der Grundlage eines Gesetzes vom November 1867 – eine, wenngleich eingeschränkte, Auswärtige Bundesverwaltung, vor allem bezogen auf den konsularischen Dienst, die auch durch den Norddeutschen Bund finanziert wurde. Darüber hinaus brachte gerade das ausgedehnte Konsulatswesen der Hansestädte zunächst dem Norddeutschen Bund, später dem Deutschen Reich ein nicht nur europäisches, sondern weltweites Netz von Auslandsvertretungen. Dies wiederum war einerseits für den globalen Präsenzanspruch des Kaiserreichs auch in der Konkurrenz mit Großbritannien und Frankreich von Bedeutung, und trug andererseits zur Entstehung eines modernen, flächendeckend vertretenen Auswärtigen Dienstes bei.

Der diplomatische Dienst des Norddeutschen Bundes wurde aus dem preußischen Haushalt bezahlt. Das war nur konsequent, weil die preußischen Diplomaten auch die diplomatische Vertretung des Norddeutschen Bundes übernahmen. Preußische Botschafter oder Gesandte in ausländischen Hauptstädten waren nun gleichzeitig Botschafter oder Gesandte des Norddeutschen Bundes. Nicht alle Diplomaten fühlten sich wohl in dieser Rolle. Albrecht Graf Bernstorff, mittlerweile Botschafter in London, hielt Preußens Diplomaten für «eine Art von Amphibien», und nicht nur ihn beschäftigten mögliche Loyalitätskonflikte. Für viele Diplomaten war der Norddeutsche Bund nur ein Provisorium, dem sie keine lange Lebenszeit einräumten. Sie sollten damit zwar Recht behalten, dennoch wurde das preußische Außenministerium zum 1. Januar 1870 zu einer Bundesbehörde umgewandelt und nun auch finanziell vom Bund getragen. An der Dominanz Preußens änderte das freilich wenig.

Doch wie sollte die neue Zentralbehörde des Bundes heißen? Das war nicht nur eine Frage der Nomenklatur. Hatte man nicht eigentlich ein Ministerium geschaffen? Die Verfassung des Norddeutschen Bundes sah das nicht vor, aber der nationalliberal dominierte Norddeutsche Reichstag betrachtete die neue Behörde als Ministerium und beantragte sogleich, eine Reihe weiterer Bundesministerien zu schaffen, um die Nationalstaatsbildung voranzutreiben und sie mit politisch-administrativen Strukturen zu befestigen. Eigenständige, direkt aus der Bundesverfassung abgeleitete Ministerien widersprachen jedoch dem politischen Kurs Bismarcks, der den Primat Preußens gesichert und nicht durch Zentralinstitutionen des Bundes konterkariert sehen wollte. Und sie widersprachen auch den Vorstellungen des Bundeskanzlers im Hinblick auf seine eigene herausgehobene Stellung im Verfassungsgefüge des Norddeutschen Bundes – und später des Deutschen Reiches. Als im Etatentwurf des Norddeutschen Bundes für das Jahr 1870 die Bezeichnung «Ministerium der Auswärtigen Angelegenheiten des Norddeutschen Bundes» für die neue Behörde auftauchte, schlug Bismarck dem preußischen König vor, das zur Auswärtigen Zentralinstitution des Norddeutschen Bundes gewordene preußische Außenministerium künftig «Auswärtiges Amt des Norddeutschen Bundes» zu nennen. Dies sei nicht nur eine angemessen knappe Bezeichnung, sondern spiegele auch die Sachlage wider, dass «diese Behörde in der Tat nicht den Wirkungskreis eines verfassungsmäßigen Ministers darstellt». Die Auswärtigen Angelegenheiten gehörten in den Geschäftsbereich des Bundeskanzlers, das «Auswärtige Amt» müsse also im Bundeskanzleramt angesiedelt und dort von einem Beamten administrativ, nicht politisch vertreten werden.

Damit waren auch die Voraussetzungen geschaffen, die 1867 aus dem Geschäftsbereich des preußischen Außenministeriums an das Bundeskanzleramt übergegangenen konsularischen Aufgaben dem Auswärtigen Amt zuzuweisen und sie damit gleichsam rückzuübertragen. Lediglich die Handelspolitik ressortierte weiter im Bundeskanzleramt, nun aber Tür an Tür mit der Außenpolitik. Der leitende Beamte des Amtes sollte den Titel Staatssekretär erhalten, auch um ihn protokollarisch zum Ansprechpartner ausländischer Diplomaten zu machen und Bismarck selbst dadurch zu entlasten. Die Bezeichnung «Staatssekretär» sei, so argumentierte man in Berlin, in der Diplomatie bereits etabliert und bezog sich dabei vor allem auf das britische Beispiel, wo freilich der *Secretary of State* kein leitender Beamter war, sondern als Kabinettsminister ein Politiker. Doch genau dies suchte Bismarck zu verhindern: die Entstehung eines politischen Kabinetts auf Bundes- beziehungsweise später auf Reichsebene.

Auch die Übernahme der englischen Bezeichnung *Foreign Office* war eine rein sprachliche Übernahme. Das Londoner *Foreign Office* war ein eigenständiges Ministerium mit einem dem Parlament verantwortlichen Minister; das Auswärtige Amt war es nicht und sollte es nicht sein. Im Norddeutschen Bund und später im Kaiserreich sollte es nach Bismarcks Willen nur einen verantwortlichen Politiker geben: ihn selbst als Bundes- und bald auch als Reichskanzler. Vor diesem Hintergrund dienten die Konstruktion und die Benennung des Auswärtigen Amts nicht nur der Organisation von Außenpolitik und Diplomatie im Prozess der deutschen Nationalstaatsbildung, sondern auch der Entwicklung jener semi-autoritären Verfassungsordnung zunächst des Norddeutschen Bundes und dann des preußisch-deutschen Kaiserreichs mit der zentralen Figur des Kanzlers und der Abhängigkeit des Kanzlers – und nur des Kanzlers – vom preußischen König beziehungsweise dem preußisch-deutschen Kaiser als bestimmenden Merkmalen. Das Dienstsiegel der neuen Behörde bildete seine Entstehung aus dem preußischen Außenministerium, ja eigentlich die Tatsache, dass es sich um dieses Ministerium handelte, ebenso ab wie die der preußischen Krone in der Norddeutschen Verfassung zugewiesene völkerrechtliche Vertretung des Bundes: Im Zentrum des Siegels befanden sich die preußischen Wappen und der Adler, außen herum lief die Umschrift «Auswärtiges Amt des Norddeutschen Bundes».

Die Verfassung des Norddeutschen Bundes nahm die Verfassung des Deutschen Reiches in den wesentlichen Punkten vorweg, und auch das Auswärtige Amt des Norddeutschen Bundes entsprach weitestgehend dem Auswärtigen Amt des Kaiserreichs. Ab Januar 1871, und zwar noch vor der Reichsgründung in Versailles, verwandte man nur noch die Bezeichnung «Auswärtiges Amt» ohne weiteren Zusatz, und ab dem 12. Mai 1871, wenige Tage nach Inkrafttreten der Reichsverfassung, nannte sich die Behörde «Auswärtiges Amt des Deutschen Reiches». Die deutschen Botschafter oder Gesandten im Ausland waren nunmehr «Kaiserlich Deutsche Botschafter» oder «Kaiserlich Deutsche Gesandte». Die Leitung der deutschen Außenpolitik lag freilich weiter in den Händen Bismarcks, der im April 1871 vom Bundeskanzler zum Reichskanzler geworden war.

So wie Bismarck den nicht-preußischen Staaten des Norddeutschen Bundes das Recht zugestanden hatte, weiterhin Gesandtschaften im Ausland zu unterhalten, so galt das 1871 auch für die Gesandtschaftsrechte der süddeutschen Staaten, die zwar in der Reichsverfassung nicht erwähnt waren, die Bismarck jedoch zu akzeptieren bereit war, weil sie ohnehin, wie er bereits 1867 im Norddeutschen Reichstag betont hatte, früher oder später als «reife Frucht» abfallen würden. Bismarck sollte Recht behalten mit dieser ebenso nüchternen wie klarsichtigen Einschätzung: Existierten 1871 noch 16 Gesandtschaften deutscher Einzelstaaten im Ausland, so waren es 1914, am Vorabend des Ersten Weltkriegs, nur noch acht.

Als wenig bedeutsam erwies sich in der Praxis auch ein Zugeständnis an Bayern, dem in den Versailler Beratungen über die Reichsgründung zugesagt wurde, dass seine Gesandten jeweils den diplomatischen Repräsentanten des Reiches vertreten würden, sollte dieser seinen Amtsgeschäften nicht nachgehen können. Ein einziges Mal ist es dazu gekommen. Das Deutsche Reich mag ein Fürstenbund gewesen sein, gerade außenpolitisch und diplomatisch jedoch war es von Anfang an ein von Preußen geführter nationaler Staat mit einer nationalen, aus

Berlin bestimmten Außenpolitik. Und dass diese Außenpolitik Sache der Berliner Exekutive war und nicht etwa des Bundesrats mit seinen Ländervertretern, zeigt auch das Schicksal der dritten Konzession, die Bismarck im Bereich von Außenpolitik und Diplomatie den Ländern des Reiches zu machen bereit war. Im Bundesrat sollte nämlich aus Vertretern Bayerns, Württembergs, Sachsens und zweier weiterer, jährlich wechselnder Staaten unter bayerischem Vorsitz ein Ausschuss für Auswärtige Angelegenheiten gebildet werden. Das war ein Gremium ohne jede Entscheidungsmacht. Zusammengetreten ist dieser Ausschuss höchst selten: zweimal in der Ära Bismarck, kaum häufiger in den Jahren danach. Erst in der Zeit des Ersten Weltkriegs und im Zuge einer breiteren Parlamentarisierung von Außenpolitik gewann der Ausschuss eine gewisse Bedeutung.

Wer bestimmte über die Außenpolitik des Deutschen Reiches? Nach der Reichsverfassung von 1871 stand die auswärtige Gewalt dem Kaiser zu, der das Recht hatte, das Reich völkerrechtlich zu vertreten, im Namen des Reichs Krieg zu erklären und Frieden zu schließen, Bündnisse und andere Verträge mit fremden Staaten einzugehen sowie Gesandte zu beglaubigen und zu empfangen. Aber der Kaiser war deswegen nicht frei in seinen politischen Entscheidungen. Vielmehr war er auf Abstimmung und Konsens mit dem Reichskanzler angewiesen, dem auch in Auswärtigen Angelegenheiten das Gegenzeichnungsrecht zustand. Anders gewendet: Der Kaiser war ohne die Zustimmung des Kanzlers in der Außenpolitik nicht entscheidungs- und handlungsfähig, und dies bedeutete letztlich, dass der Kanzler den politischen Kurs bestimmen konnte, solange er dafür die Unterstützung, zumindest aber das Einverständnis des Kaisers gewann. Das schloss einen Dissens zwischen dem Kanzler und seinem Monarchen nicht aus, aber insbesondere Bismarck konnte sich in seiner Amtszeit in den entscheidenden Fragen immer wieder durchsetzen, auch wenn er dafür zuweilen mit seinem Rücktritt drohen musste. Aus dem verfassungsrechtlich und politisch begründeten bestimmenden Einfluss des Reichskanzlers auf die Außenpolitik – und Reichspolitik war ganz überwiegend Außenpolitik – ergab sich freilich das Erfordernis außenpolitischer Qualifikation und Erfahrung für diesen Posten. Nicht nur Bismarck verfügte über diese Voraussetzungen, auch seine Nachfolger im Kanzleramt hatten einen entsprechenden Hintergrund. Während Caprivi (1890–1894) immerhin Chef der deutschen Admiralität gewesen war, kamen Hohenlohe (1894–1900) und Bülow (1900–1909) sogar direkt aus dem Auswärtigen Amt. Bethmann Hollweg (1909–1917) war der erste Kanzler, der ohne außenpolitische Erfahrung – er war Verwaltungsbeamter, preußischer Innenminister und Reichsstaatssekretär des Innern gewesen – in das Amt gelangte. Umso wichtiger waren in diesen Jahren die Staatssekretäre im Auswärtigen Amt, die faktisch zu Außenministern wurden.

In der Ära Bismarck waren die Staatssekretäre dem Reichskanzler eindeutig untergeordnet. Ihre Aufgabe war primär die Leitung der Berliner Behörde. Daneben pflegten die Staatssekretäre die Beziehungen zu den in Berlin akkreditierten ausländischen Diplomaten und hielten Verbindung zu den Regierungen der deutschen Einzelstaaten, soweit es Auswärtige Angelegenheiten betraf. Bismarcks erster Staatssekretär war der preußische Diplomat Hermann v. Thile (1812–1889), der bereits seit 1862 Unterstaatssekretär im preußischen Außenministerium gewesen war. Thile wurde allerdings schon 1872 abgelöst. Ihm war es nie gelungen, das Vertrauen Bismarcks zu erwerben, der ihm nicht zuletzt seine mangelnde Durchsetzungsfähigkeit gegenüber den deutschen Spitzendiplomaten im Ausland vorwarf, auf deren klare Unterordnung der Reichskanzler besonderen Wert legte. Interimistisch und nicht als Staatssekretär leitete 1872/73 der Diplomat Hermann v. Balan (1812–1874) das Amt. Ihm folgten, nun wieder als Staatssekretär, von 1873 bis 1879 der mecklenburgische Bundesratsgesandte Bernhard Ernst v. Bülow (1815–1879), danach interimistisch 1880 der Diplomat und spätere Reichskanzler Chlodwig zu Hohenlohe-Schillingsfürst (1819–1901) sowie 1880/81 der preußische Diplomat Friedrich Wilhelm Graf Limburg-Stirum (1835–1912), beide ohne Ernennung zum Staatssekretär, und von 1881 bis 1885 Paul Graf Hatzfeldt (1831–1901), ein preußischer Diplomat mit großer Erfahrung, der nach seiner Zeit im Berliner Auswärtigen Amt das Reich bis zu seinem Tod als Botschafter in London vertrat. Hatzfeldts Nachfolger als Staatssekretär wurde 1886 Bismarcks ältester Sohn Herbert (1849–1904), der erst nach der Reichsgründung in den Auswärtigen Dienst eingetreten war. Herbert v. Bismarck trat im März 1890 kurz nach dem Rücktritt seines Vaters als Reichskanzler von seinem Amt als Staatssekretär zurück.

An der inneren Organisation des Amtes änderte die Reichsgründung nur wenig. Die im preußischen Außenministerium schon zu Beginn des 19. Jahrhunderts eingeführte Trennung in zwei Abteilungen, eine politische (I) und eine handelspolitisch-konsularische (II), blieb weiter erhalten. Die Trennung war eine klare Hierarchisierung zugunsten der politischen Abteilung; beide Abteilungen waren zwar gleichartig organisiert und nach Ländern beziehungsweise Kontinenten gegliedert, doch sie arbeiteten weitestgehend unverbunden, ein Wechsel des Personals zwischen I und II war höchst unüblich und kam nur selten vor. An der Spitze der politischen Abteilung stand der Staatssekretär selbst, die handelspolitische Abteilung leitete ein Direktor, ab 1881 ein Unterstaatssekretär. Eine zweite Unterstaatssekretärsstelle wurde 1916 geschaffen. Bereits 1879 war die Abteilung I geteilt worden: Die nunmehrige Abteilung I A war die eigentliche politische Abteilung; in der Abteilung I B (Personal- und Kassensachen) lag die Zuständigkeit für Personal (von der Rekrutierung bis zu Verwendungen und Beförderungen) und Verwaltung. I A, so hieß es in den offiziellen Handbüchern des Deutschen Reiches, befasste sich mit den «Angelegenheiten der höheren Politik», seit 1895 auch – wieder – mit den Personalangelegenheiten der höheren Diplomaten. Bis 1885 war die Abteilung II für Handels- und Rechtsfragen zuständig. Dann bewog die Zunahme der Aufgaben im Bereich der internationalen Wirtschaft und des Außenhandels Bismarck dazu, eine eigene Rechtsabteilung zu schaffen.

Darüber allerdings kam es zum Konflikt mit dem Reichstag, der dem Etat des Auswärtigen Amtes, der nun auch Mittel für die neue Abteilung und eine entsprechende Direktorenstelle enthielt, zustimmen musste. Liberale, das Zentrum und die Sozialdemokratie lehnten Bismarcks Ansinnen ab. Die Parlamentarier fürchteten, die zusätzliche Abteilung solle zur Koordinationsstelle der neuen deutschen Kolonialpolitik werden, der zwar nicht alle Fraktionen skeptisch gegenüberstanden, die sie aber durch den Reichstag kontrolliert wissen und nicht in einem Arkanbereich genau dieser Kontrolle entzogen sehen wollten. Doch vor allem stand hinter der Ablehnung die grundsätzliche Kritik der Volksvertreter an der Tatsache, dass nicht nur die Organisation des AA, sondern die Außenpolitik insgesamt der parlamentarischen Mitwirkung so gut wie völlig entzogen blieb. Es dauerte einige Monate, bis sich im Reichstag im März 1885 schließlich doch eine Mehrheit für die Reorganisation fand. Bismarck hatte angekündigt, er werde höhere Beamte aus dem Ausland in die Wilhelmstraße zurückberufen, und mit den enormen Kosten einer solchen Maßnahme gedroht. Eine Kolonialabteilung entstand dann erst 1890, kurz nach Bismarcks Rücktritt. Aus ihr wurde später, 1907, das Reichskolonialamt gebildet. 1903 schließlich wurde die Zuständigkeit für den konsularischen Dienst, bislang in der Handelsabteilung (II) angesiedelt, in einer eigenen Abteilung Konsulate (I C) untergebracht. Die Abteilung I A blieb jedoch die eigentliche politische Zentrale des Amtes. Hier fanden sich die Spitzenbeamten, und sowohl vom Prestige her als auch gesellschaftlich klaffte zwischen dieser Abteilung und den anderen eine große Distanz: «Der Abstand zwischen den Offizieren eines Garde-Kavallerie-Regiments und denen eines Train-Bataillons konnte kaum größer gewesen sein als zwischen den Räten der sogenannten Abteilung A und den übrigen Teilen des Amts», erinnerte sich später Ludwig Raschdau, der dem Auswärtigen Dienst schon in der Ära Bismarck angehörte.

In den organisatorischen Strukturen spiegelte sich nicht nur eine ausgeprägte Traditionalität, sondern ein anhaltender Primat von «Großer Politik» und «Hoher Diplomatie». In der Abteilung I beziehungsweise I A ging es um Fragen von Krieg und Frieden, um die politischen Beziehungen des Deutschen Reiches zu anderen Staaten, insbesondere zu den europäischen Großmächten. Fragen der Außenwirtschaftspolitik galten demgegenüber als nachrangig. Kritik an dieser Trennung und der in ihr reflektierten Fehleinschätzung der Bedeutung der internationalen Wirtschaftspolitik wurde schon in der Ära Bismarck gelegentlich laut, aber sie verhallte ohne Echo und spielte beispielsweise für die Rekrutierung und bei der Ausbildung junger Diplomaten kaum eine Rolle. Erst in den Jahren vor dem Ersten Weltkrieg kam es zu zaghaften Reformmaßnahmen, die jedoch an den Grundstrukturen des Auswärtigen Amtes und seiner Binnengliederung nichts änderten.

Neben den beiden Abteilungen I und II existierte im Auswärtigen Amt seit 1871 ein Pressereferat. Dieser kleinen Dienststelle oblag einerseits gemeinsam mit den deutschen Auslandsvertretungen die Beobachtung und Auswertung der internationalen Presse, zum anderen und wichtiger noch die Information der deutschen und der ausländischen Presse zu Fragen der Außenpolitik. Denn die Ausweitung der politischen Öffentlichkeit im Laufe des 19. Jahrhunderts, auf nationaler wie internationaler Ebene, blieb nicht ohne Auswirkung auf Außenpolitik und Diplomatie. Neue Formen der Informationsübermittlung und ein immer schnelleres, auch internationales Verkehrswesen sorgten dafür, dass immer mehr Nachrichten in immer kürzerer Zeit national wie international verbreitet werden konnten. Die politische Meinungsbildung und Entscheidungsprozesse blieben davon nicht unberührt, ja unterlagen zum Teil, wie die «Krieg-in-Sicht-Krise» von 1875 zeigt, immer schwerer beherrschbaren Dynamiken. Die Entwicklung war auf den ersten Blick paradox: Außenpolitik und Diplomatie wurden immer öffentlicher; Presse und Parlamente diskutierten das außenpolitische Handeln der Regierungen kontrovers und kritisierten es zum Teil massiv. Doch gerade das führte dazu, dass außenpolitische Entscheidungsträger in den Regierungen den Versuch unternahmen, Außenpolitik als Arkanpolitik durchzuführen und sie der Öffentlichkeit zu entziehen. Für beide Entwicklungen, die sich im Grunde nicht widersprachen, sondern wechselseitig verstärkten, standen auch das deutsche Auswärtige Amt und seine Führung.

Nicht jeder Diplomat verfügte über die Fähigkeit, diesen neuen Herausforderungen an Außenpolitik und Diplomatie erfolgreich zu begegnen. Und nicht jeder Diplomat akzeptierte die sich verändernden Bedingungen der Diplomatie. Denn zu den Konsequenzen jener nur schwer berechenbaren Dynamik, die aus dem Bedeutungsgewinn von öffentlicher und veröffentlichter Meinung und der kommunikativen Intensivierung internationaler Beziehungen entstanden war, gehörte auch ein wachsendes Bestreben der Außenministerien in den jeweiligen Hauptstädten, die diplomatischen Missionen im Ausland enger an die Zentralen zu binden, besser informiert zu werden und sie letztlich dadurch stärker in ihren Aktivitäten zu kontrollieren. Die Kommunikationsrevolution des 19. Jahrhunderts, insbesondere das sich flächendeckend verbreitende Telegraphenwesen, erleichterte diese Kontrolle und gab den außenpolitischen Zentralbehörden und den Außenministern ein Instrument an die Hand, eine an wie auch immer definierten nationalen Interessen ausgerichtete einheitliche Außenpolitik betreiben und vom Ministerium aus über die diplomatischen Vertretungen auch implementieren zu können. Zwangsläufig schränkte das diplomatische Handlungsspielräume ein. Dass diese Entwicklung Konfliktpotential in sich barg, zeigt auch ein Blick auf das Verhältnis Bismarcks zu seinen Diplomaten.

Das bekannteste Beispiel für einen solchen Konflikt ist die schwere Auseinandersetzung zwischen Bismarck und Harry Graf Arnim, der von 1872 bis 1874 deutscher Botschafter in Paris und damit fraglos einer der Spitzendiplomaten des Kaiserreichs war. Arnim vertrat in Paris eine andere Frankreich-Politik als diejenige, die ihm Bismarcks Instruktion aufgegeben hatte. Solche Instruktionen waren ein schon seit langem eingeführtes Mittel der Diplomatie. Sie bestimmten zwar nicht die Details diplomatischer Tätigkeit und ließen den Botschaftern und Gesandten noch immer eigene Handlungsspielräume, aber sie setzten dem diplomatischen Handeln einen politischen Rahmen. Der deutsche Botschafter nun betrieb an der Seine eine Politik, die diesen Rahmen sprengte. Er unterstützte nicht die republikanische Regierung, wie er von Bismarck instruiert worden war, sondern setzte sich für die monarchistischen Kräfte in Frankreich ein. Arnim wurde nicht nur abberufen, sondern Bismarck verfolgte seinen Spitzendiplomaten, in dem er womöglich auch einen politischen Rivalen mit Ambitionen auf das Kanzleramt sah, noch nach seiner Versetzung in den vorzeitigen Ruhestand durch mehrere Prozesse: zunächst wegen Amtsmissbrauchs, später auch wegen Landesverrats, weil Arnim in gegen den Kanzler gerichteten Presseartikeln Informationen aus diplomatischen Akten verwandt hatte. Der in die Schweiz geflohene Diplomat wurde in Abwesenheit zu fünf Jahren Haft verurteilt. Zugleich wurde das deutsche Strafgesetzbuch um den Paragraphen 353, auch «Arnim-Paragraph» genannt, erweitert, der speziell für Diplomaten zum einen Verstöße gegen die Verschwiegenheitspflicht und zum anderen die Zuwiderhandlung gegen eine Instruktion unter Strafe stellte. Die Regelung befindet sich bis heute, wenn auch leicht modifiziert, im Strafgesetzbuch.

Wenn es um 1890 im Volksmund hieß, das Auswärtige Amt sei «Fürst Bismarcks Generalstab», so bezog sich das nicht einfach auf die Tatsache, dass Bismarck von der Wilhelmstraße aus die Politik des Reiches leitete. Vielmehr verweist der militärische Vergleich auch auf die hierarchischen Strukturen, die sich im Auswärtigen Amt in der Ära Bismarck entwickelt hatten, und auf einen diplomatischen Zentralismus, der in den Jahren seit der Reichsgründung zugenommen hatte. Dieser Zentralismus schränkte die Handlungsspielräume der deutschen Diplomaten ein und unterwarf sie immer stärker dem Steuerungs- und Kontrollregime des Reichskanzlers. Er führte zu einem Gestaltwandel der Diplomatie, der sich freilich nicht nur am deutschen Beispiel feststellen lässt, sondern die Außenministerien und diplomatischen Apparate überall in Europa erfasste. Zeittypisch deutsch war allerdings die Sprache, in die Bismarck selbst diese Veränderung kleidete: «Meine Botschafter müssen einschwenken auf Kommando wie die Unteroffiziere, ohne zu wissen warum.»

Die Idee des autonomen nationalen Machtstaats, die seit etwa Mitte des 19. Jahrhunderts das internationale System und vor allem die europäischen Staatenbeziehungen zu beherrschen begann, blieb nicht ohne Einfluss auf die Diplomatie. Wenn Moritz Busch, in den Jahren um 1870 zuständig für Bismarcks

Pressekontakte, einen Diplomaten mit einem General verglich, weil auch der Diplomat ständig seinen Vorteil wahren und schließlich den Gegner besiegen müsse, dann spiegelt sich darin nicht nur die Militarisierung der preußisch-deutschen Außenpolitik vor dem Hintergrund der drei Reichseinigungskriege. Die Außenpolitik des Kaiserreichs, und zwar schon in der Ära Bismarck, nicht erst ab 1890, war unilateral, sie war konfrontativ, und sie kalkulierte, wie ein Blick auf Bismarcks Bündnissystem zeigt, die Möglichkeit des Krieges stets mit ein. Freilich prägte sich in der deutschen Außenpolitik nur besonders stark aus, was die internationalen Beziehungen und die Außenpolitik der Nationalstaaten in jener Zeit insgesamt charakterisierte: eine extreme Orientierung der Außenpolitik an einzelstaatlich-nationalen Interessen, eine Absage an jeden Multilateralismus in Kernbereichen der Außenpolitik sowie ein von Kategorien wie Konkurrenz, Rivalität und Konfrontation bestimmtes Grundverständnis internationaler Politik. Verstärkt wurden diese Entwicklungen und ihre Auswirkungen auf Politik und Diplomatie durch die Ausweitung und den Bedeutungsgewinn nationaler Öffentlichkeiten, die wachsende Bedeutung der öffentlichen und veröffentlichten Meinung, aber auch, selbst im Deutschen Reich, die Parlamentarisierung von Politik und die wachsende Bedeutung von Parteien. Regierungen konnten ohne Rücksicht auf diese nationalen Öffentlichkeiten keine Politik mehr betreiben, und weil das nicht nur in Deutschland so war, wurde die Beobachtung der öffentlichen Meinung im Ausland mit ihren tatsächlichen oder vermeintlichen Auswirkungen auf die Politik eines Staates zu einem immer wichtigeren Aufgabengebiet von Diplomaten.

Die Zahl der deutschen Diplomaten stieg auch aus diesem Grund zwischen 1871 und 1914 kontinuierlich an. Vor allem aber erhöhte sie sich, weil das Deutsche Reich in immer mehr Staaten weltweit mit diplomatischen oder konsularischen Missionen vertreten war. Gab es zu Beginn der 1870er Jahre vier Botschaften, 14 Gesandtschaften, acht Ministerresidenturen, sieben Generalkonsulate und 33 Berufskonsulate, so waren es am Vorabend des Ersten Weltkriegs neun Botschaften, 23 Gesandtschaften, sieben Ministerresidenturen, 33 Generalkonsulate und 100 Berufskonsulate. Nicht nur in Europa war das Deutsche Reich vertreten, sondern weltweit existierte ein immer dichter werdendes Netz deutscher Auslandsvertretungen: ein Zeichen der Globalisierung deutscher Außenpolitik, aber auch der wachsenden Bedeutung globaler Außenwirtschaftsbeziehungen. Allerdings blieben diplomatische und konsularische Vertretungen und damit auch die diplomatische und die konsularische Laufbahn strikt voneinander getrennt. Übergänge von einem in den anderen Bereich und insbesondere der Wechsel vom konsularischen in den diplomatischen Dienst blieben die Ausnahme. In den wichtigeren Hauptstädten bestanden diplomatische und konsularische Vertretungen des Kaiserreichs nebeneinander. Die Zahl der diplomatischen Beamten – heute würde man von Angehörigen des höheren Dienstes sprechen – und der entsprechenden Etatstellen lag Anfang der 1870er Jahre bei 60, 1882 bei 68, in den Jahren um 1900 bei 94 und stieg schließlich bis 1914 auf 103. In der Berliner Zentrale taten 1914 neben dem Staatssekretär und dem Unterstaatssekretär vier Ministerialdirektoren und drei Ministerialdirigenten Dienst, daneben 28 Vortragende Räte sowie 23 permanente «Hilfsarbeiter» (Sachreferenten) und 18 Rechtsassessoren.

An den deutschen Vertretungen im Ausland war in der Regel nur ein höherer Diplomat tätig, unterstützt von einem kleinen administrativen und technischen Stab. Eine Ausnahme machten lediglich die großen Botschaften, insbesondere in London, Paris, Wien und St. Petersburg, wo dem Botschafter einige weitere Diplomaten des höheren Dienstes als Botschafts- oder Legationssekretäre zur Seite standen. Über diese Beamten hinaus wurden auch die jungen Anwärter für den diplomatischen Dienst, die Attachés, an den Auslandsvertretungen eingesetzt und glichen den chronischen Personalmangel der Missionen zu einem Teil aus. Im Vergleich zu anderen diplomatischen Diensten war der deutsche Auswärtige Dienst zahlenmäßig eher schwach besetzt. Vor allem die britische Diplomatie verfügte über wesentlich mehr Angehörige, aber auch der diplomatische Dienst Frankreichs war größer als der deutsche. Britische und französische Spitzendiplomaten wurden überdies besser bezahlt als ihre deutschen Kollegen. Von diesen erhielt der Botschafter am russischen Zarenhof mit 150 000 Goldmark das höchste Jahresgehalt. Die Botschafter in Wien, Paris und London rangierten mit 120 000 Goldmark deutlich darunter, doch immer noch weit über dem Staatssekretär in der Berliner Wilhelmstraße, dessen Gehalt bei etwa 50 000 Goldmark im Jahr lag. Vor diesem Hintergrund ist es nicht überraschend, dass der Posten des Staatssekretärs in der Berliner Zentrale bei den deutschen Spitzendiplomaten nicht sonderlich beliebt war. Zu der vergleichsweise schlechten Bezahlung kamen, besonders stark in der Bismarck-Zeit, die unmittelbar spürbare Einengung durch den die Außenpolitik leitenden Reichskanzler sowie ferner die Zuständigkeit für die Beziehungen zum Reichstag, dessen Interesse an außenpolitischen Fragen wuchs und der immer weniger bereit war, der Reichsregierung die Außenpolitik allein zu überlassen. Gerade diejenigen Staatssekretäre, die selbst aus dem diplomatischen Dienst stammten, strebten deshalb wie beispielsweise Paul Graf Hatzfeldt, Staatssekretär zwischen 1881 und 1885, danach, ihre Verweildauer in der Wilhelmstraße auf ein Minimum zu begrenzen und ihre Karriere dann wieder im Ausland – Hatzfeldt in London – fortzusetzen.

Das Jahresgehalt, das selbst ein Spitzendiplomat wie der Botschafter in London erhielt, reichte indes bei weitem nicht aus, insbesondere den repräsentativen Pflichten nachzukommen, die die diplomatische Präsenz in den größeren Hauptstädten erforderte. Und dies betraf nicht nur die Botschafter. Alle höheren Diplomaten an den deutschen Vertretungen hatten sich wie selbstverständlich aus eigener Tasche an den Aufwendungen für die repräsentative Lebensführung – von der Wohnung bis zum gesellschaftlichen Leben – zu beteiligen. Das Auswärtige Amt forderte aus diesem Grund von seinen Diplomaten im höheren Dienst ein privates Jahreseinkommen jenseits des Beamtengehalts, das in den 1880er Jahren bei etwa 6000 Mark lag und bis 1914 auf etwa 15 000 Mark anstieg: ein Betrag, der das Jahresgehalt gerade von jüngeren Diplomaten auf den unteren Karrierestufen deutlich überschritt. Formell war das zwar nirgendwo festgeschrieben, es wird aber doch in vielen Zeugnissen so bestätigt. In dieser Praxis setzte sich letztlich nur fort, was bereits die Aufnahme der jungen Attachés in den diplomatischen Dienst bestimmte. Auch diese war ohne ein ausreichendes privates Einkommen nicht möglich, denn in ihrer Probezeit (in der Regel vier Jahre) erhielten die Anwärter keinerlei Bezüge. Das galt zwar auch für andere Beamtenanwärter, schränkte aber auf Grund der besonders hohen finanziellen Erfordernisse schon im diplomatischen Vorbereitungsdienst die sozialen Kreise, aus denen die künftigen Diplomaten stammten, von Anfang an massiv ein. Es steht außer Frage, dass hinter dieser Regelung auch das Bestreben stand, die diplomatische Elite des Kaiserreichs sozial – und damit auch politisch – homogen und geschlossen zu halten.

Anders als in anderen Elitengruppen des preußisch-deutschen Reiches, im Militär beispielsweise, aber auch in der inneren Staatsverwaltung, dominierten im Auswärtigen Dienst nicht die preußisch-ostelbischen Adelsfamilien, von denen viele nur über einen vergleichsweise kleinen Grundbesitz verfügten, aus dem eine diplomatische Karriere nicht zu finanzieren gewesen wäre. Es waren, auch schon im diplomatischen Dienst Preußens vor 1870, Angehörige großgrundbesitzender Familien, zum Teil aus den westlichen Provinzen Preußens, zum Teil aus anderen Staaten, die die diplomatischen Spitzenposten besetzten. Daran änderte sich nach der Reichsgründung nur wenig. Im Gegenteil: Der Anteil preußischer Diplomaten im Auswärtigen Dienst des Reiches sank bis 1914. Mindestens ebenso sehr wie ein Zusammenwachsen des Reiches, das seine Funktionseliten nicht allein aus seinem dominierenden Bundesstaat, Preußen, rekrutierte, müssen wir in dieser Entwicklung auch eine Folge jener finanziellen Voraussetzungen sehen, die große Teile des Adels der altpreußischen Provinzen von einer diplomatischen Karriere ausschlossen. So blieb zwischen 1871 und 1914 der prozentuale Anteil des Adels unter den Diplomaten nahezu konstant bei 87 Prozent, der Anteil ostelbischer Adeliger ging jedoch von 59 Prozent auf 46 Prozent bei den Botschaftern und Gesandten und von 80 Prozent auf 47 Prozent bei den Vortragenden Räten in der Berliner Zentrale zurück. Lamar Cecil, dem wir die wohl gründlichste sozialhistorische Untersuchung der Diplomaten des Kaiserreichs verdanken, hat exemplarisch das Spitzenpersonal der deutschen Botschaft in London kurz vor dem Ersten Weltkrieg zusammengestellt: Der Botschafter, Fürst Karl Max Lichnowsky, war ein reicher schlesischer Grundbesitzer. Richard v. Kühlmann, der Erste Sekretär der Botschaft, war der Sohn eines Eisenbahnunternehmers; seine Frau stammte aus der saarländischen Industriellenfamilie Stumm. Aus dieser vermögenden Familie stammte auch die Frau des Legationsrats Carl v. Schubert. Über die notwendigen Mittel verfügt haben dürfte auch der Legationsrat Leopold v. Hoesch, der Sohn einer Ruhrindustriellenfamilie. Und für den Baron Albert v. Goldschmidt-Rothschild dürfte die Tatsache, dass er in London als Attaché überhaupt kein Gehalt bezog, kaum spürbar gewesen sein. Er war wohlhabender als alle anderen.

Seit ihrer Entstehung in der Frühen Neuzeit war die europäische Diplomatie eine Angelegenheit des Adels. Daran änderte sich im Kaiserreich nur wenig. Die 36 deutschen Botschafter, die es zwischen 1871 und 1918 gab, waren ausnahmslos adelig, von den 70 Gesandten in Europa gehörten 93 Prozent dem Adel an, von den 101 Gesandten außerhalb Europas immer noch 71 Prozent. Ein Adelsprädikat, und wenn es auch einer vermögenden Industriellenfamilie erst im 19. Jahrhundert verliehen worden sein mag, erleichterte auch zu Beginn des 20. Jahrhunderts noch die Aufnahme in den diplomatischen Dienst und eine entsprechende Karriere, gerade wenn es sich mit privatem Vermögen verband. Gewiss, in zunehmender Zahl gab es auch bürgerliche Diplomaten, was nicht zuletzt an der zahlenmäßigen Vergrößerung des Auswärtigen Dienstes lag. Aber in die Spitzenpositionen des Dienstes stiegen Bürgerliche vor dem Ersten Weltkrieg so gut wie nie auf. Sie blieben in den unteren Karriererängen, oder sie verrichteten ihren Dienst, wenn nicht in der Berliner Zentrale, dann an den weniger wichtigen, vor allem den außereuropäischen Vertretungen des Reiches. Dass sie sich angesichts von Aufstiegsambitionen und eines gleichsam von oben herab geprägten *Esprit de corps* habituell dennoch an der adelig beherrschten und sozial abgeschlossenen Spitzengruppe orientierten, widerspricht dem nicht und bestätigt auch für die Diplomatie – bei allen Unterschieden zu anderen Funktionseliten – die anhaltende Prägekraft und Dominanz des Adels.

Des protestantischen Adels, um präzise zu sein, denn gerade in den höheren Positionen des Auswärtigen Dienstes lag der Anteil von Protestanten zwischen 1871 und 1914 bei etwa 80 Prozent. In den unteren Rängen wuchsen indes, wenn auch sehr zaghaft, mehr katholische Diplomaten nach, was eine Folge der Reichsgründung und damit der konfessionellen Erweiterung der Rekrutierungsbasis insbesondere in Süddeutschland war, wo allerdings gerade katholische Adelige weiter auf Österreich ausgerichtet blieben. Jüdische Diplomaten gab es kaum, am wenigsten in den höchsten Positionen, und in der besonders wichtigen Abteilung I A spielten sie gar keine Rolle. Etwas anders sah es in der Handelspolitischen und der Kolonialpolitischen Abteilung aus. Erstere wurde beispielsweise in der Ära Bismarck von einem jüdischen Diplomaten, Max v. Philippsborn, geleitet. Auch auf ausländischen Posten gab es kaum Juden; zu den Ausnahmen zählte Albert v. Goldschmidt-Rothschild in London.

Zu den informellen, aber gleichwohl wirksamen Voraussetzungen für die Aufnahme in den – höheren – Auswärtigen Dienst, unter denen ferner die Zugehörigkeit zu einer feudalen Studentenverbindung von Bedeutung war, gesellten sich formelle Kriterien: Nur Männer konnten Diplomaten werden; sie mussten mindestens 25 Jahre alt sein und Bürger eines deutschen Staates. Sie mussten ein Jurastudium mit dem Referendars- oder Assessorexamen abgeschlossen und eine diplomatische Eingangsprüfung erfolgreich absolviert haben, in der es in deutscher und französischer Sprache, seit 1908 auch auf Englisch, um Geschichte, Recht, Grundfragen der Nationalökonomie und Geographie ging. War das juristische Examen zum Zeitpunkt seiner Einführung als Eintrittsvoraussetzung für den diplomatischen Dienst (in Preußen seit 1827, vom Kaiserreich 1876 noch einmal präzisiert) ein wichtiges Mittel gewesen, um eine bestimmte Formalqualifikation der künftigen Diplomaten zu garantieren, so führte das Juristenmonopol zu einer relativ engen Fachkompetenz der Dienstangehörigen, die der Ausweitung der diplomatischen Aufgabenfelder und nicht zuletzt dem Bedeutungsgewinn wirtschaftlicher Fragen kaum noch entsprach. In den Jahren nach 1900 wurde vor diesem Hintergrund die Reform des Auswärtigen Dienstes, was sich vor allem auf den Zugang und die Ausbildung bezog, zu einem Dauerthema, das gerade auch aus dem Reichstag immer wieder aufgegriffen wurde. Im Jahr 1908 kam es zu gewissen Veränderungen: Das Juristenmonopol wurde fallen gelassen, was theoretisch einfacher zu beschließen als in der Praxis umzusetzen war. Nationalökonomischen Kenntnissen und Sprachen wurde für die Aufnahmeprüfung und die Ausbildung größere Bedeutung eingeräumt, und der Vorbereitungsdienst wurde vereinheitlicht und strukturiert. AA-Staatssekretär v. Schoen, der die Position des Amtes vor dem Reichstag mit seinen Reformforderungen zu vertreten hatte, machte kein Hehl daraus, dass Amtsspitze und Kaiser für die entscheidende Voraussetzung einer erfolgreichen diplomatischen Laufbahn das hielten, «was mitgebracht sein will, was nicht in der Karriere erst erworben werden kann». Und was für den Eintritt in den Auswärtigen Dienst galt, blieb auch für den Aufstieg zu hohen und höchsten Positionen entscheidend. Von der «Kavalierperspektive», die nicht formal abprüfbar sei, hatte schon Bismarck gesprochen, und als 1913 Fürst Lichnowsky, der deutsche Botschafter in London, Reichskanzler Bethmann Hollweg den General Karl v. Wedel, der bereits mehrfach zwischen Armee und Diplomatie hin- und hergewechselt war, als Botschafter in Italien vorschlug, betonte er: «Seine Intelligenz reicht für diesen Posten, bei dem es doch im wesentlichen auf Takt, gute Formen und gesellschaftliche Gewandtheit ankommt, wohl sicherlich aus. Er hat eine präsentable Frau, spielt gut Bridge, hat genügend Vermögen, ist außerdem *bon enfant* und wird sich mit allen Leuten zu stellen wissen.»

Derartige Wechsel zwischen Militärdienst und diplomatischem Dienst kamen vor, sie waren jedoch nicht die Regel, und im Auswärtigen Amt betrachtete man sie mit großer Skepsis. Immer wieder gab es hohe Offiziere, die für einen diplomatischen

Posten genannt wurden, als ob, so ereiferte man sich in der Wilhelmstraße, für eine Position im Auswärtigen Dienst keine besonderen Voraussetzungen nötig seien. Hinter solcher Skepsis standen freilich Befürchtungen bezogen auf die Geschlossenheit und den Zusammenhalt der diplomatischen Elite, aber auch im Hinblick auf einen möglichen Einfluss des Militärs auf die Diplomatie. Argwöhnisch beäugte man sich wechselseitig. Von Militärs, die zu Diplomaten wurden, sind die Militärattachés klar zu trennen, die in den Jahren des Kaiserreichs zu den allermeisten deutschen Auslandsvertretungen in Europa, in Übersee jedoch nur zu den Missionen in Washington, Tokio und Peking gehörten. In den großen europäischen Hauptstädten gab es zum Teil sogar zwei Militärattaches, in späteren Jahren oftmals einen Heeres- und einen Marineattaché. Die Aufgabe der Militärattachés war die genaue Beobachtung aller militärisch relevanten Entwicklungen in dem Gastland und die Information der heimischen Streitkräfteführung darüber. Das diplomatische Protokoll stufte die Militärattachés deutlich unter dem diplomatischen Personal ein; sie waren den deutschen Vertretungen zwar zugeordnet – «attachiert» –, gehörten jedoch nicht dem Auswärtigen Dienst an, sondern Armee oder Marine. Immer wieder kam es zu Auseinandersetzungen über die Aufgaben und Befugnisse der Attachés, welche die Diplomaten auf militärische Angelegenheiten beschränkt wissen wollten. Aber nicht alle Militärattachés hielten sich an diese Rollenverteilung, und gelegentlich, so wie im Fall von Major Lambsdorff, seit 1904 Attaché in St. Petersburg, fungierten solche Militärs auch als Sonderbeauftragte des Kaisers und damit als Instrumente einer gleichsam persönlichen Außenpolitik des Monarchen, die bewusst an Reichskanzler und Auswärtigem Amt vorbei betrieben wurde.

Welche Rolle spielte das Auswärtige Amt in der Entwicklung und Gestaltung der deutschen Außenpolitik? Nach der Phase der Reichsgründung und dem Aufbau des Bündnissystems war Bismarcks Außen- und Bündnispolitik Mitte der 1880er Jahre in eine schwere Krise geraten. In Frankreich dynamisierte sich ein revanchistischer Nationalismus, ein Krieg schien nicht ausgeschlossen. Zugleich zeigte eine Krise auf dem Balkan die massiven Interessengegensätze Russlands und Österreich-Ungarns in Südosteuropa. Das Dreikaiserbündnis des Jahres 1881 zwischen dem Deutschen Reich, Österreich-Ungarn und Russland zerbrach an diesen Spannungen, was die innere Widersprüchlichkeit von Bismarcks Bündnissystem zutage treten ließ. Doch der Reichskanzler hielt an seinem «System von Aushilfen» fest. 1887 wurde einerseits der Dreibund zwischen Deutschland, Österreich-Ungarn und Italien erneuert und mit einem eindeutig gegen das Zarenreich gerichteten Mittelmeerabkommen zwischen Österreich-Ungarn, Italien und England verknüpft. Andererseits schloss das Reich im gleichen Jahr den berühmten Rückversicherungsvertrag mit Russland. Doch konnte man gleichzeitig eine pro-österreichische und eine pro-russische Außenpolitik betreiben? Bismarcks Kurs stieß gegen Ende seiner Amtszeit auf zunehmenden Widerspruch. Nicht nur aus dem Generalstab heraus wurde gegen die Russland-Politik des Reichskanzlers opponiert, auch im Auswärtigen Amt erhoben sich Stimmen dagegen. Ihr führender Vertreter war Friedrich v. Holstein, ein Vortragender Rat in der Politischen Abteilung der Wilhelmstraße, dessen Aufstieg zur «Grauen Eminenz» der deutschen Außenpolitik in diesen Jahren begann. Im Gegensatz zu Bismarck forderte er eine klare Richtungsentscheidung der deutschen Außenpolitik: enge Beziehungen zu Österreich-Ungarn sowie zu Italien und, nach Möglichkeit, England, jedoch keine vertraglichen Vereinbarungen mit Russland. Des Risikos eines Krieges mit Russland war man sich dabei durchaus bewusst, doch die von Holstein angeführte oppositionelle Strömung im Auswärtigen Amt sah sich zusammen mit der Militärführung in ihrer Position bestärkt durch eine starke anti-russische Stimmung in der deutschen Öffentlichkeit.

Der Richtungsstreit in der deutschen Außenpolitik verband sich mit der Thronbesteigung Wilhelms II. im Jahr 1888, der rasch zu einem Machtkampf zwischen Kaiser und Kanzler führte. Dieser Machtkampf war zwar primär innenpolitischer Natur und entspann sich beispielsweise an der Frage nach der richtigen Politik gegenüber Sozialdemokratie und Arbeiterbewegung. Aber der innenpolitische Dissens mit Bismarck trug dazu bei, dass der Kaiser denjenigen Kräften und Personen Gehör zu schenken bereit war, die auch die Außenpolitik des Kanzlers kritisierten und sich für einen neuen, anti-russischen Kurs aussprachen. Die Nichtverlängerung des Rückversicherungsvertrags nur wenige Tage nach Bismarcks Rücktritt war die logische Folge dieser Entwicklung. Und Leo v. Caprivi, der neue Reichskanzler, vertrat den russlandpolitischen Kurs der Wilhelmstraßen-Opposition um Holstein. Friedrich v. Holstein (1837–1909) war ein Karrierediplomat. 1860 in den preußischen Auswärtigen Dienst eingetreten, war er seit 1876 in der Politischen Abteilung des Berliner Amtes tätig, wo er rasch in eine führende Position aufstieg (ab 1883 als Stellvertreter des Unterstaatssekretärs). Seine Kritik an Bismarck, sein personalpolitisches Geschick und eine auch von seinen Gegnern nicht bestrittene enorme Leistungsfähigkeit führten dazu, dass er nach 1890 zu einem der wichtigsten Außenpolitiker in Berlin avancierte. Insbesondere Reichskanzler Bernhard v. Bülow, vor seiner Berufung ins Kanzleramt zwischen 1897 und 1900 Staatssekretär im AA, fand in Holstein seinen wichtigsten außenpolitischen Berater, und über Bülow und die höfische Umgebung des Kaisers wirkte Holstein indirekt auch auf die außenpolitischen Vorstellungen des Kaisers selbst ein, der anders als sein Großvater Wilhelm I. persönlich in die Politik eingreifen, wenn nicht sogar ihren Kurs bestimmen wollte. Holstein war es auch, der 1895 die Zuständigkeit für das Personal des höheren diplomatischen Dienstes aus der Abteilung I B in seine eigene Abteilung I A holte. Personalfragen waren für Holstein politische Fragen – zu wichtig, um sie einer Personalverwaltung zu überlassen.

Ein «persönliches Regiment» konnte der Kaiser auch auf dem Feld der Außenpolitik nicht errichten, das gab die Verfassung nicht her, und dafür waren das Gewicht und die Interessen anderer politischer Akteure, des Reichstags, der Reichsverwaltung und nicht zuletzt des Militärs zu groß. Für das Auswärtige Amt waren die Konsequenzen dieser Konstellation zwiespältig. Einerseits wurden Professionalität, Kompetenz und Erfahrung der Diplomatie immer wieder durch die außenpolitischen Interventionen des Kaisers konterkariert, die zum Teil beträchtlichen

Schaden anrichteten. So beispielsweise durch die berühmte «Krüger-Depesche» von 1896, in der Wilhelm II. die südafrikanischen Buren in ihrer Auseinandersetzung mit England unterstützte und damit den deutsch-englischen Antagonismus erheblich verschärfte. Das Auswärtige Amt war für den jungen Kaiser mit seinem außenpolitischen Gestaltungs–, wenn nicht Führungsanspruch eine untergeordnete, eine ausführende Reichsbehörde. «Das Auswärtige Amt? Wieso, Ich bin das Auswärtige Amt», soll er einmal gesagt haben. Und als 1912 Reichskanzler Bethmann Hollweg beim Kaiser Kritik übte an der Ernennung eines neuen Botschafters in London, reagierte Wilhelm II. so ungehalten wie bezeichnend: «Ich schicke nur Meinen Botschafter nach London, der Mein Vertrauen hat, Meinem Willen pariert, Meine Befehle ausführt und mit Meiner Instruktion.» Andererseits lagen in den außenpolitischen Ambitionen des Monarchen auch Chancen für das Auswärtige Amt und seine Führung, bestimmte außenpolitische Vorstellungen bei Hof einzuspeisen und auf diese Weise durchzusetzen. Aber diese Chance hatten einzelne Spitzendiplomaten, Holstein und Bülow beispielsweise, nicht das Auswärtige Amt als Institution, das – kaum anders als unter Bismarck – von der Mitwirkung an der konzeptionellen Gestaltung der Außenpolitik ausgeschlossen blieb.

Staatssekretäre des Auswärtigen Amts waren nach 1890 Adolf Freiherr Marschall v. Bieberstein (1842–1912), der zuvor badischer Gesandter in Berlin gewesen war, danach zwischen 1897 und 1900 Bernhard v. Bülow (1849–1929), der spätere Reichskanzler, von 1900 bis 1906 Oswald Freiherr v. Richthofen (1847–1906) und 1906 bis 1907 Heinrich v. Tschirschky (1858–1916). Ihm folgten von 1907 bis 1910 Wilhelm v. Schoen (1851–1933), 1910 bis 1912 Alfred v. Kiderlen-Wächter (1852–1912) und schließlich in den Jahren um den Beginn des Ersten Weltkriegs (1913 bis 1916) Gottlieb v. Jagow (1863–1935). In ihrer Mehrheit stammten diese Staatssekretäre aus dem Auswärtigen Dienst, einige vertraten vor oder nach ihrer Zeit an der Spitze des Amtes als Diplomaten das Reich im Ausland. Waren die Staatssekretäre in der Ära Bismarcks im Wesentlichen auf ihre Funktion als ranghöchste Diplomaten beschränkt geblieben, so wuchsen sie nunmehr, gerade unter den schwachen Reichskanzlern Caprivi und Hohenlohe, in die Rolle von Außenministern.

Das gilt insbesondere für Bernhard v. Bülow, der 1897 an die Amtsspitze gelangte. Bülow, der dem Auswärtigen Dienst seit 1876 angehörte, war vor seiner Berufung zum Staatssekretär deutscher Botschafter in Rom gewesen und verfügte also über reiche diplomatische Erfahrung. Vor allem aber stützte er sich auf eine enge Beziehung zum Kaiser, zu dessen engsten außenpolitischen Beratern er zählte. Schon in der Zeit Bülows als Staatssekretär im Auswärtigen Amt, zum Teil auch noch in den Jahren seiner Kanzlerschaft wurde die deutsche Außenpolitik gemeinsam von Wilhelm II. und Bülow bestimmt. Bülow stand außenpolitisch wie kein zweiter Vertreter des Auswärtigen Amtes für eine deutsche Weltmachtpolitik, «Weltpolitik», wie es in der Sprache der Zeit hieß. Bülow war es, der kurz nach seiner Berufung zum Staatssekretär im Reichstag einen deutschen «Platz an der Sonne» verlangte. Das meinte die Gleichberechtigung mit den anderen europäischen Großmächten; es meinte aber vor allem die Gleichberechtigung mit der globalen Macht England. Damit verbanden sich neue koloniale Ansprüche insbesondere im asiatisch-pazifischen Raum, die zwar territorial bescheiden ausfielen, aber höchst konfliktträchtig waren. Bülows «Weltpolitik» hatte aber in Gestalt der deutschen Flottenrüstung von Anfang an auch eine militärische Dimension. Es war kein Zufall, dass Wilhelm II. Admiral Alfred v. Tirpitz und Bülow 1897 gleichzeitig zu Staatssekretären – Tirpitz an der Spitze der Kaiserlichen Admiralität, ab 1889 des Reichsmarineamts – ernannte. Beide vertraten den vom Kaiser gestützten weltpolitischen Machtanspruch Deutschlands, und beide betrieben daher gemeinsam und mit dem Rückhalt des Kaisers eine deutsche Flottenpolitik – Stichwort: Tirpitz-Plan –, die in Politik und Öffentlichkeit Großbritanniens nur als Bedrohung wahrgenommen werden konnte.

Auch Bismarcks Außenpolitik hatte stets eine militärische Dimension gehabt; die Bündnisverträge der Ära Bismarck waren in ihrem Kern auf militärische Eventualitäten – Bündnisfälle –

ausgerichtet. Doch nach 1890 gewann diese Militarisierung eine andere Qualität. Weil der Nichtverlängerung des Rückversicherungsvertrags die russisch-französische Allianz auf dem Fuße folgte, war die deutsche Außen- und Sicherheitspolitik gezwungen, sich auf das Szenario eines Zweifrontenkrieges vorzubereiten. Das Reich intensivierte seine Rüstungsanstrengungen. Schon unter Caprivi wurde Außenpolitik immer stärker Rüstungspolitik. Diese Dynamik steigerte sich mit der Flottenrüstung und der mit ihr in Kauf genommenen Entfremdung von England. Auf gute Beziehungen zu London glaubten der Kaiser, Bülow und ihre Berater verzichten zu können, weil man die englisch-russischen und die englisch-französischen kolonialen Spannungen letztlich für unüberwindbar hielt. Dies war die Grundannahme der deutschen Politik der «freien Hand», die vor allem als maritime Rüstungspolitik, aber auch als Kolonialpolitik Deutschland zur Weltmacht, ebenbürtig mit Großbritannien, machen sollte. Das war keine status-quo-orientierte Außenpolitik mehr, sondern eine Politik, die die Überwindung des europäischen und internationalen Status quo – zugunsten Deutschlands – anstrebte und im weiteren Verlauf zu jener antagonistischen Blockbildung in Europa führte, deren Eigendynamik 1914 nicht mehr zu kontrollieren war.

Mit der Ermordung des österreichischen Thronfolgers Franz Ferdinand in Sarajewo am 28. Juni 1914 begann – auch in der Wahrnehmung der deutschen Diplomatie – eine neue Balkan-Krise, so wie man sie in den Jahren zuvor bereits mehrfach erlebt und immer wieder gelöst hatte. Entspannung und Krisenbewältigung waren in der Zeit vor 1914 zu den Hauptaufgaben nicht nur der deutschen Diplomatie geworden. Das ergab sich aus der immer weiter zunehmenden Konfrontativität im europäischen Mächtesystem, die freilich – von Land zu Land unterschiedlich – auch ihre innenpolitischen und gesellschaftlichen Hintergründe hatte. Auf Botschafterkonferenzen, in politischen Verhandlungen und diplomatischer Korrespondenz war es in den Jahren vor 1914 immer wieder gelungen, den drohenden Krieg zu verhindern. Auch deutsche Diplomaten hatten ihren Anteil daran. Ihre sich gleichsam aus der Profession ergebenden

Bemühungen um Konfliktentschärfung mussten jedoch ins Leere laufen, wenn sie nicht mehr den Rückhalt der Reichsleitung hatten, die, vor allem Kaiser und Generalstab, in der Julikrise 1914 einen Kriegskurs verfolgten, weil sie den Krieg ohnehin für unvermeidlich hielten, weil sie ihn jetzt noch für gewinnbar hielten und weil es in Politik und Militär klare Erwartungen gab, ein Krieg und ein – nie in Frage gestellter – Sieg würden nicht nur die Einheit einer tief und vielfach fragmentierten Nation wiederherstellen, sondern dadurch auch eine autoritäre Umformung des Kaiserreichs ermöglichen.

Nicht wenige Diplomaten kritisierten in dieser Situation den aggressiven und konfrontativen Kurs des Kaisers, der Entspannungsbemühungen immer wieder konterkarierte. Auch deshalb sind die Quellen der Zeit und die Memoirenliteratur reich an Zeugnissen der Geringschätzung, die der Kaiser den deutschen Diplomaten entgegenbrachte. In markigen Worten soll Wilhelm II. einen Spitzendiplomaten angefahren haben: «Ihr Diplomaten habt die Hosen voll, und die ganze Wilhelmstraße stinkt danach.» «Hasenfuß», notierte der Kaiser 1911 am Rand eines Berichts des deutschen Botschafters in London, der einen Verzicht auf eine Flottennovelle empfohlen hatte, um die Beziehungen zu Großbritannien zu verbessern. Es wäre zu einfach, die Geschichte des Auswärtigen Amts am Vorabend des Ersten Weltkrieg als Teil einer Auseinandersetzung zwischen der zivilen und der militärischen Führung des Kaiserreichs zu betrachten oder, noch zugespitzter, einer Auseinandersetzung zwischen einem Friedens- und einem Kriegskurs und dabei den deutschen Diplomaten einen Platz auf der Friedensseite zuzuweisen. Deutsche Diplomaten waren nicht weniger nationalistisch eingestellt als andere politisch-administrative Funktionseliten des Kaiserreichs. Der diplomatische Internationalismus, die Präsenz in den Hauptstädten der anderen Mächte, die kommunikativen Verbindungen ins Ausland und die Bereitschaft zu Verhandlungen konnten am Ende die sich verschärfende internationale Konfliktdynamik genauso wenig im Zaum halten konnte wie die persönlichen, zum Teil verwandtschaftlichen Beziehungen zwischen den europäischen Monarchen. Vor allem konnte dieser Internationalismus nur wenig – und immer weniger – ausrichten gegen den wachsenden Einfluss zunehmend nationalisierter Massenöffentlichkeiten auch auf die Außenpolitik der Staaten – beileibe nicht nur des Deutschen Reiches. Wenn Entspannungserfolge und außenpolitische Kompromisse in den nationalisierten Öffentlichkeiten nicht als Erfolge, sondern als Zeichen der Schwäche gewertet wurden, und wenn Außenpolitik sozialintegrativ wirken sollte, dann mussten es Diplomaten mit ihren professionellen Instrumentarien schwer haben. Als «Hasenfüße», die nach faulen Kompromissen strebten, statt weltpolitische Erfolge zu liefern, galten sie nicht nur dem Kaiser. Aus der Tradition der Geheimdiplomatie kommend und professionell entsprechend sozialisiert, verfügten auch die Diplomaten des Auswärtigen Amts in den Jahren des Kaiserreichs über keine nennenswerte Expertise im Umgang mit öffentlicher Meinung und (Massen-)Presse. Hier waren Kompetenzen gefragt, die sich erst allmählich entwickelten, die aber einen fundamentalen Wandel der Diplomatie mit sich brachten.

Der Konflikt zwischen Diplomatie und Militär, zwischen dem Auswärtigen Amt und – nunmehr – der Obersten Heeresleitung, verschärfte sich in den Jahren des Ersten Weltkriegs. Wohlgemerkt: Es handelte sich dabei um einen Konflikt über Fragen der Außenpolitik, die Kompetenzen des Auswärtigen Amtes und, bald auch, über mögliche Friedensbemühungen. Dahinter stand freilich die zentrale Frage nach dem zivilen oder militärischen Primat in der deutschen Kriegspolitik, und insofern hatten die Auseinandersetzungen zwischen Außenamt und Militärführung auch eine innen- und verfassungspolitische Dimension. Auch in Kriegszeiten war nach der Reichsverfassung von 1871 der Reichskanzler für die Außenpolitik verantwortlich. Tatsächlich jedoch beanspruchte die Oberste Heeresleitung die Suprematie, und dies galt gerade auch für die Auswärtige Politik. «Wir werden nicht nur mit den Franzosen», notierte General Groener, Angehöriger der OHL, schon im August 1914, «sondern auch mit Herrn v. Bethmann und dem Auswärtigen Amt fertig.» Die Konflikte spitzten sich zu, nachdem 1916 Hindenburg und Ludendorff an die Spitze der OHL berufen worden waren. Ihr Dominanzanspruch, der de facto auf eine Militärdiktatur mit dem Kaiser als nur mehr repräsentativem Staatsoberhaupt hinauslief, äußerte sich nicht zuletzt in direkten Interventionen in die Personalpolitik des Auswärtigen Amtes. Deren erstes Opfer wurde AA-Staatssekretär Gottlieb v. Jagow, der sich nicht nur schon im Herbst 1914 für einen raschen Frieden eingesetzt hatte, sondern der sich 1916 vehement gegen den «uneingeschränkten U-Boot-Krieg» aussprach. Auf Betreiben Ludendorffs und der Admiralität wurde Jagow im November 1916 entlassen und durch den bisherigen Unterstaatssekretär Arthur Zimmermann (1864–1940), den ersten Bürgerlichen in der Position des Staatssekretärs, ersetzt, der zwar nie einen Auslandsposten innegehabt hatte, aber der OHL zuneigte. Bekannt geworden ist Zimmermann vor allem durch das «Zimmermann-Telegramm» vom Januar 1917, in dem er Mexiko den Kriegseintritt an der Seite des Deutschen Reiches vorschlug und dem südlichen Nachbarn der USA dafür die Wiedergewinnung von Gebieten in Aussicht stellte, die Mexiko an die Vereinigten Staaten verloren hatte. Das an den deutschen Gesandten in Mexiko gerichtete Fernschreiben wurde jedoch abgefangen und trug mit zum Kriegseintritt der USA im April 1917 bei.

Staatssekretär Zimmermann verlor wenige Monate später seinen Posten und wurde durch Richard v. Kühlmann (1873–1948) ersetzt, einen Karrierediplomaten, der zuletzt Botschafter in Konstantinopel gewesen war. Kühlmann, der für die zivile Reichsleitung den Sonderfrieden von Brest-Litowsk mit dem revolutionären Russland (März 1918) verhandelte, galt als Vertreter eines gemäßigten Kurses und setzte sich, auch weil er den Krieg für nicht mehr gewinnbar hielt, für einen Verständigungsfrieden mit den Westmächten ein. Die Oberste Heeresleitung erwirkte deshalb seine Ablösung durch den kurz vor dem Krieg in den diplomatischen Dienst gewechselten Marineoffizier Paul v. Hintze (1864–1941), der bis Oktober 1918 auf seinem Posten blieb und dann in den letzten Wochen des Kriegs als Vertreter von Reichskanzler und Auswärtigem Amt bei der Obersten Heeresleitung fungierte. In der Wilhelmstraße ersetzte ihn für wenige Wochen (bis Dezember 1918) Wilhelm Solf (1862–

1936), der bereits seit 1911 Staatssekretär des Reichskolonialamts war.

Eine deutsche Außenpolitik gab es natürlich auch während des Krieges, die deutsche Diplomatie aber verlor an Bedeutung. Das konnte unter Bedingungen eines Krieges, der global ausgetragen wurde und an dem neben Frankreich, Großbritannien, Russland, bald auch Italien und später den USA viele weitere Staaten zu den deutschen Gegnern gehörten, nicht anders sein. Die deutschen Botschaften wurden geschlossen, das diplomatische Personal abgezogen. In dieser Situation gewannen die verbliebenen Auslandsvertretungen bei Deutschlands Verbündeten, beinahe mehr noch aber die Missionen in den neutralen Staaten, an Bedeutung, die daher zum Teil auch personell verstärkt wurden. Verstärkt wurde auch die Zentrale in der Berliner Wilhelmstraße, und zu den bislang existierenden fünf Abteilungen des Amtes kam ab 1915 eine sechste: die Abteilung Nachrichten (A. N.), die aus dem Pressereferat hervorging. Ihr oblagen die Auswertung der Auslandspresse und Propaganda im feindlichen Ausland. Leiter der neuen Abteilung war zunächst Otto Hamann, der zuvor schon das AA-Pressereferat geleitet hatte, an seine Stelle trat im Dezember 1916 auf Betreiben der Obersten Heeresleitung der Major Erhard Deutelmoser, der 1917 zugleich auch Pressechef im Reichskanzleramt wurde. Beteiligt war das Auswärtige Amt darüber hinaus an der Errichtung einer halbamtlichen Propagandastelle, der Zentralstelle für Auslandsdienst, die zum Teil aus AA-Mitarbeitern bestand und nominell von dem ehemaligen deutschen Botschafter in Japan Alfons Mumm von Schwarzenstein geleitet wurde. Tatsächlich allerdings lag die Führung der Zentralstelle bei dem Zentrumspolitiker Matthias Erzberger.

Mit seinen ökonomischen Folgen wie der Unterbrechung von Handelsbeziehungen und den Problemen der Rohstoffversorgung führte der Erste Weltkrieg der deutschen Politik, aber auch dem Auswärtigen Amt noch einmal drastisch die in den Jahrzehnten seit der Reichsgründung und im Prozess der Hochindustrialisierung enorm gestiegene Bedeutung der wirtschaftlichen Dimension auswärtiger Politik vor Augen. Zwar hatte das

Auswärtige Amt auch in den Jahren vor dem Krieg davor die Augen nicht völlig verschlossen, und amtsinterne Reformüberlegungen kreisten gerade um diese Frage. Punktuell versuchte man, auf diese Entwicklungen zu reagieren, vor allem bei der Rekrutierung von Personal und in der Diplomatenausbildung. Doch in der Organisationsstruktur des Amtes und der in der Amtshierarchie fortexistierenden Dominanz der Politischen Abteilung schlugen sich die zaghaften Reformbemühungen noch nicht nieder, und der Erste Weltkrieg verhinderte zunächst weitergehende Reformen.

3. Kapitel: Stecken gebliebene Reformen und der Schatten von Versailles: Das Auswärtige Amt der Weimarer Republik (1918/19–1933)

Otto v. Hentig war im November 1918 ein junger Legationssekretär in der Zentrale des Auswärtigen Amtes. Später erinnerte er sich an die Revolutionstage in der Wilhelmstraße: «Das Auswärtige Amt war von Wilhelmstraße 75 bis 77 in jenen Tagen vollkommen verlassen bis auf den Pförtner Mühlenhaupt und eine kleine Mamsell unter dem Dach, die bis dahin dort eine dünne Suppe ausgegeben hatte. Wie Leichenfledderer durchzogen einzelne bewaffnete Revolutionäre die stillen Gänge.» Hentigs Erinnerung war eine Momentaufnahme, die über die eigentliche Entwicklung in den Tagen und Wochen zwischen Kriegsniederlage und Republikgründung hinwegtäuscht: Nicht nur das Auswärtige Amt existierte weiter und wurde alsbald das Auswärtige Amt der Weimarer Republik, sondern auch viele Angehörige des Auswärtigen Dienstes des Kaiserreichs fanden ihren Weg in die neue republikanische Zeit. Was bedeutete diese personelle und institutionelle Kontinuität für die Außenpolitik der Republik von Weimar? Was bedeuteten aber auch republikanische Staatsform und demokratische Verfassung für das Auswärtige Amt und sein Personal? Bis zu seinem Ende 1933 begleiteten gewaltige außenpolitische Herausforderungen den Weimarer Staat. Dem Übergang vom Krieg zum Frieden folgte der Versailler Vertrag. Was für eine Außenpolitik, welche außenpolitischen Imperative resultierten aus diesem Friedensvertrag, seinem Geist und seinen Bestimmungen? Welche Möglichkeiten außenpolitischen Handelns ergaben sich für die Weimarer Republik aus dem internationalen System der Jahre nach dem Ersten Weltkrieg? Obwohl deutsche Außenpolitik im Schatten von Versailles stärker denn je mit der Innenpolitik verbunden war und politisch wie gesellschaftlich breit und über weite Strecken höchst kontrovers diskutiert wurde, verloren die deutschen Diplomaten als außenpolitische Fachleute ihren Einfluss nicht. Im Gegenteil, die Bedeutung außenpolitisch-diplomatischer Expertise stieg, und das auch vor dem Hintergrund, dass mit Ausnahme der Ära Stresemann zwischen 1924 und 1929 die Amtszeit der deutschen Außenminister in den Jahren von 1918 bis 1933 durchschnittlich jeweils nur etwa sechs Monate dauerte. Das erhöhte das Gewicht der diplomatischen Spitzenbeamten insbesondere in der Berliner Zentrale, der Staatssekretäre und Abteilungsleiter.

Zunächst freilich erklären die massiven außenpolitischen Herausforderungen, vor denen Deutschland mit dem Kriegsende stand, die hohe personelle Kontinuität in der Übergangszeit 1918/19. Der Rat der Volksbeauftragten, der am 10. November 1918 die Regierungsgewalt in Deutschland übernahm, beließ neben anderen Mitgliedern der kaiserlichen Regierung auch den amtierenden Staatssekretär des Äußeren Wilhelm Solf in seinem Amt. Solf war im Zuge der Oktoberreformen des Kaiserreichs kurz vor Kriegsende an die Spitze des Auswärtigen Amts gelangt. In Verbindung mit der Parlamentarisierung der Reichsverfassung, Kernelement der Oktoberreformen 1918, war ihm schon damals mit dem SPD-Abgeordneten Eduard David ein parlamentarischer Unterstaatssekretär an die Seite gestellt worden, der die Verbindung zwischen dem Auswärtigen Amt und dem Reichstag verstärken sollte. Eine parlamentarische Verantwortlichkeit des Staatssekretärs ergab sich daraus jedoch nicht. Ab dem 10. November 1918 stand Solf allerdings unter der Kontrolle des aus je drei Angehörigen der SPD und der USPD zusammengesetzten Rats der Volksbeauftragten, eine für den Karrierediplomaten Solf, der sich primär als Fachmann verstand, ungewohnte Situation, die schon bald zu Spannungen insbesondere mit dem für Auswärtige Angelegenheiten zuständigen USPD-Volksbeauftragten Hugo Haase und in deren Folge zu Solfs Rücktritt am 13. Dezember führte.

Nun existiere das Auswärtige Amt nicht mehr, jubelte nach Solfs Rücktritt Kurt Eisner, der sozialistische Ministerpräsident des revolutionären Freistaats Bayern. Auf der politischen Linken teilten nicht wenige die Freude Eisners, erblickte man doch in der Geheimdiplomatie der europäischen Nationalstaaten vor 1914, für die in Deutschland das Auswärtige Amt stand, einen Hauptgrund für den Ersten Weltkrieg, ja für Kriege überhaupt. Die SPD-Vertreter indes im Rat der Volksbeauftragten konnten mit der utopischen Forderung einer Überwindung der Nationalstaaten und damit auch der traditionellen Außenpolitik und Diplomatie nichts anfangen. Deshalb ließen die Volksbeauftragten das Auswärtige Amt so gut wie unangetastet. Aber man strebte doch nach einer stärkeren politisch-parlamentarischen Kontrolle gerade der Außenpolitik. So trat zu dem SPD-Unterstaatssekretär David im November 1918 als weiterer «beigeordneter Staatssekretär» der Volksbeauftragten noch der USPD-Politiker Karl Kautsky. Erwies sich die Kooperation zwischen Solf und David als weitgehend konfliktfrei, so hegte man in der Amtsspitze von Anfang an große Befürchtungen im Hinblick auf Kautsky, der sogleich Einsicht in die Akten des Amtsarchivs zur Frage des Kriegsbeginns 1914 und der deutschen Kriegspolitik forderte. In die Strukturen des Amtes wurde Kautsky vor diesem Hintergrund nie integriert.

Die bevorstehenden Friedensverhandlungen, die sich schon rasch nach dem Waffenstillstand abzeichneten, verstärkten bei den SPD-Volksbeauftragten die Überzeugung, in der Spitze des Auswärtigen Amts auf Experten angewiesen zu sein. Schon am

16. November 1918 wurde vor diesem Hintergrund eine dem Auswärtigen Amt zugeordnete «Kommission zur Vorbereitung von Friedensverhandlungen» eingerichtet. An die Spitze dieser Friedenskommission, manchmal auch Friedensbüro genannt, berief man den letzten kaiserlichen Botschafter in den USA, Johann Heinrich Graf Bernstorff, einen erfahrenen Diplomaten, politisch liberal orientiert, später Mitglied der DDP, für den auch sprach, dass er US-Präsident Wilson persönlich kannte. Weil man außenpolitische Fachleute zu brauchen glaubte, wurde auch Wilhelm Solf im Winter 1918/19 nicht durch einen SPD-Politiker ersetzt, sondern durch einen weiteren Diplomaten. Ulrich Graf Brockdorff-Rantzau, zuletzt deutscher Gesandter in Dänemark, wurde am 18. Dezember 1918 zum Staatssekretär des Auswärtigen Amtes ernannt und übernahm die Dienstgeschäfte am 30. Dezember. «Die außenpolitischen Schwierigkeiten», so begründete Friedrich Ebert die Berufung Brockdorff-Rantzaus im Rat der Volksbeauftragten, «sind ungeheuer. Wir stehen in völliger Desorganisation und Auflösung. Wenn da ein Mann von Ruf und internationalem Ansehen uns zur Seite stehen will, kann es uns nur recht sein.» Vergeblich hatten die USPD-Vertreter betont, «dass der Posten des Auslands- und des Kriegsministers die wichtigsten Posten seien, dass sie daher aus unseren Kreisen besetzt werden müssen». Aber auch in der USPD zweifelte man daran, über einen wirklich geeigneten Kandidaten zu verfügen. Rudolf Breitscheid, zunächst noch in der USPD und außenpolitisch durchaus versiert, wurde genannt, hatte aber keine Chance und blieb preußischer Innenminister. Als Fraktionsvorsitzender und außenpolitischer Sprecher der SPD im Reichstag forderte Breitscheid später eine «große Reinigung» im Auswärtigen Amt, das er als ein «Museum wilhelminischer Altertümer» bezeichnete.

Im Grunde ähnelte die Politik der Volksbeauftragten gegenüber dem Auswärtigen Amt und seiner Führung dem Bündnis zwischen der revolutionären Regierung und der Spitze des Militärs. In der Umbruchsituation des Winters 1918/19 und konfrontiert mit außerordentlichen politischen Herausforderungen, glaubte man, die Erfahrung und die Kompetenz der alten kaiserlichen Eliten zu brauchen, denen auf diese Weise der Übergang zur Republik gelang. Die meisten Diplomaten stellten sich dem neuen System durchaus mit ihrem Sachverstand zur Verfügung; dennoch war es vielen innerlich fremd, viele lehnten die Republik ab. Solche Einstellungen blieben auch nicht ohne Auswirkung auf die Außenpolitik der Weimarer Republik, an deren Gestaltung das Auswärtige Amt in Gestalt seiner führenden Diplomaten, ob nun in der Berliner Zentrale oder im Ausland, einen erheblichen Anteil hatte. Immer wieder verbanden sich die Auseinandersetzungen über den Kurs der deutschen Außenpolitik, die die Republik bis an ihr Ende begleiteten, mit allgemeineren politischen Orientierungen, ganz gleich, ob diese nun eher rückwärtsgewandt waren und auf eine politische Ordnung ähnlich der des Kaiserreichs zielten oder ob sie auf eine autoritäre Transformation der Republik hinausliefen. Wichtig war dabei stets die Frage, wie Außenpolitik konzipiert und durchgeführt werden sollte und in welchem Maße innenpolitische Einflüsse auf außenpolitisches Handeln einwirken sollten. Auch für Graf Brockdorff-Rantzau war Außenpolitik Sache des Auswärtigen Amtes, das daraus seine politische Sonderstellung gewann und den Niederungen des politischen Tagesstreits entrückt bleiben sollte. Es sei sein fester Wille, so betonte Brockdorff-Rantzau zu Beginn seiner Amtszeit, «die auswärtige Politik von den Schwankungen der inneren Verhältnisse unabhängig zu machen». Angesichts der Bedeutung außenpolitischer Fragen für die Weimarer Republik war dieser Wunsch jedoch unrealistisch. Kaum ein Politikfeld war zwischen 1918/19 und 1933 so von gegensätzlichen Positionen charakterisiert wie die Außenpolitik. Enger als je zuvor waren Innen- und Außenpolitik in einer dynamischen Wechselbeziehung miteinander verflochten.

Dennoch blieb dem Auswärtigen Amt eine Sonderstellung im Institutionengefüge der Republik. Als durch das von der Weimarer Nationalversammlung verabschiedete Gesetz über die vorläufige Reichsgewalt am 10. Februar 1919 die kaiserlichen Reichsämter in Ministerien der Republik umgewandelt wurden und aus den Staatssekretären parlamentarisch verantwortliche

Reichsminister wurden, erhielt zwar auch das Auswärtige Amt einen Außenminister, aber es blieb das «Auswärtige Amt». Und sosehr das Außenministerium in die Verfassungsordnung der Republik eingebunden und die Außenpolitik parlamentarischer Kontrolle unterworfen war, markierte doch die Fortführung der Bezeichnung «Amt», Anfang 1919 von AA-Unterstaatssekretär Langwerth v. Simmern vorgeschlagen und von Außenminister Graf Brockdorff-Rantzau unterstützt, nicht nur ein Bekenntnis zur Tradition des Auswärtigen Amts des Kaiserreichs. Vielmehr schwang in dem Begriff «Amt» auch die Idee einer – weiterhin – exekutiven Reichsbehörde mit, die Vorstellung einer doch nicht völlig der parlamentarisch-demokratischen Kontrolle unterliegenden und in diesem Sinne tendenziell autonomen Institution. Es lag in der Konsequenz des Gesetzes über die vorläufige Reichsgewalt, dass, nachdem aus den Staatssekretären Reichsminister geworden waren, die Unterstaatssekretäre die Amtsbezeichung Staatssekretär erhielten. Der Staatssekretär war der Amtschef der Berliner Zentrale. Er war der höchste Beamte der Wilhelmstraße, kein Politiker. Die 1918/19 kurzfristig existierenden parlamentarischen oder beigeordneten Staatssekretäre wurden nicht beibehalten. Damit war auch das Auswärtige Amt nicht dauerhaft mit dem Reichstag verbunden, denn nicht alle Außenminister zwischen 1919 und 1933 gehörten dem Parlament an.

Ohne Frage war Außenpolitik in den Jahren der Weimarer Republik ein zentraler Politikbereich. Doch was war eigentlich Außenpolitik? Wie grenzte sich das Politikfeld Außenpolitik von anderen Politikfeldern ab? Das waren gerade in den Anfangsjahren der Republik keine rein theoretischen Fragen. Vielmehr ging es dabei in politischer Perspektive um die Zuständigkeiten des Auswärtigen Amts, seine Kompetenzabgrenzungen gegenüber anderen Ressorts und Behörden und, daraus resultierend, sein politisches Gewicht. Prinzipiell vertrat das Amt auch schon in der Zeit des Kaiserreichs den Anspruch, für die Gesamtheit aller auswärtigen Angelegenheiten und Beziehungen des Reiches zuständig zu sein. Doch in den Prozessen der Internationalisierung, die sich seit den letzten Jahrzehnten des

19. Jahrhunderts beschleunigten und intensivierten, gewannen neue Dimensionen auswärtiger Politik an Bedeutung: Wirtschaftspolitik wurde immer stärker Außenwirtschafts- und Außenhandelspolitik, und als neues Feld entwickelte sich die Kolonialpolitik. Die Errichtung des Reichskolonialamts 1907, hervorgegangen aus der Kolonialabteilung des Auswärtigen Amts, war in der Wilhelmstraße nicht begrüßt worden. Man sah darin einen Kompetenz- und Gewichtsverlust. Zwar wurde diese Behörde 1919 noch in ein Reichsministerium umgewandelt, aber schon ein Jahr später aufgelöst. Ihre Aufgaben gingen zunächst an das Reichsfinanzministerium, später auf das Auswärtige Amt über. In anderen Bereichen jedoch war die Konkurrenz für das Auswärtige Amt größer. Schon in der Vorbereitung und Durchführung der Friedensverhandlungen 1919, später in der Umsetzung des Versailler Vertrags, der durch seinen umfassenden Charakter, zu dem wirtschaftliche Bestimmungen genauso gehörten wie Militärklauseln, in ganz unterschiedliche Politikfelder und damit Ressortzuständigkeiten hineinreichte, wurde die Ausweitung und Diversifizierung von Außenpolitik und Auswärtigen Beziehungen sichtbar und damit auch die institutionelle Konkurrenzsituation, in der sich das Auswärtige Amt befand. Die entsprechend heterogen zusammengesetzte deutsche Delegation in Versailles spiegelte das wider. Doch auch ansonsten zeigte sich, dass zahlreiche Ministerien und Behörden, aber auch gesellschaftliche Organisationen und Verbände eigene Außenbeziehungen pflegen und ihre außenpolitischen Interessen selbst vertreten, zumindest aber Einfluss auf die Vertretung dieser Interessen nehmen wollten. Immer häufiger wurden den deutschen diplomatischen Vertretungen im Ausland Beauftragte anderer Institutionen als Attachés mit spezifischen Zuständigkeiten zugeordnet, und immer wieder entbrannten zum Teil heftige Auseinandersetzungen über die Zusammensetzung und die Leitung deutscher Delegationen bei internationalen Konferenzen. Erst 1924, zu Beginn der Ära Stresemann, schrieb die Geschäftsordnung der Reichsregierung die führende Rolle des Auswärtigen Amts für den gesamten Bereich der offiziellen deutschen Auslandsbeziehungen fest.

Schon seit dem späten Kaiserreich wirkten die Ausweitung der Auswärtigen Beziehungen, insbesondere der Bedeutungsgewinn ökonomischer Aspekte, und der außenpolitische Führungsanspruch der Wilhelmstraße als ein mächtiger Reformimpuls auf das Auswärtige Amt und den Auswärtigen Dienst ein. Die Entwicklungen nach dem Ende des Weltkriegs und in der Frühphase der Weimarer Republik verstärkten diese Reformdynamik noch, denn die Dynamik der Systemtransformation ab Ende 1918 schuf auch neue Gelegenheiten für Reformanstrengungen und strukturelle Veränderungsmaßnahmen. Diese gipfelten in den Jahren 1919/20 in dem umfassenden Modernisierungsversuch der «Schülerschen Reform», benannt nach Edmund Schüler (1873–1952). Schüler, 1900 in den deutschen konsularischen Dienst eingetreten, arbeitete seit 1906 in der Personalabteilung des Auswärtigen Amts, zuletzt als deren Direktor. Bereits in den Jahren vor dem Ersten Weltkrieg wirkte Schüler an ersten, kleineren Reformmaßnahmen mit, insbesondere einer Erweiterung der Attaché-Ausbildung um Einblicke in die Welt von Handel, Banken und Industrie. Eine umfassende Reform, die Schüler eigentlich vorschwebte, verhinderte der Krieg zunächst. Zugleich allerdings war der Krieg, je länger er sich hinzog und je stärker sich ab 1917 die außenpolitische Lage Deutschlands verschlechterte, eine wichtige Voraussetzung für weitere mit dem Namen Schüler verbundene Reformanstrengungen, die schon in der Schlussphase des Krieges begannen und mit Kriegsende, Revolution und Republikgründung nicht endeten, sondern sich, im Gegenteil, sogar noch dynamisierten.

Schon seit den 1880er Jahren hatten Repräsentanten der deutschen Wirtschaft und des Außenhandels der deutschen Außenpolitik vorgeworfen, handelspolitisch zu wenig aktiv zu sein und sich im Ausland für die Interessen der deutschen Wirtschaft nicht genügend einzusetzen. Solche Stimmen kamen aus der im Überseehandel engagierten Kaufmannschaft der Hansestädte Hamburg, Lübeck und Bremen, aber sie waren aus dem Mund liberaler Abgeordneter auch in den jährlichen Haushaltsberatungen des Reichstags zu vernehmen. Struktur und personelle Zusammensetzung des Auswärtigen Dienstes entsprächen nicht den Erfordernissen einer modernen Weltwirtschaft und der stetig wachsenden politischen Bedeutung ökonomischer Faktoren. Die Kritik verstärkte sich in den Jahren des Ersten Weltkriegs, als hanseatische Kaufleute und Reeder erfahren mussten, wie der deutsche Gesandte in Buenos Aires Graf Luxburg durch unbedachte Äußerungen das bis dahin neutrale Argentinien, das zu den wenigen verbliebenen deutschen Handelspartnern gehörte und in dessen Häfen zahlreiche deutsche Handelsschiffe vor Anker lagen, um ein Haar zu einer Kriegserklärung an Deutschland getrieben hätte. In den Augen des deutschen Außenhandels war Graf Luxburg die Verkörperung des unfähigen Diplomaten, und auch wenn die Berliner AA-Führung den Konflikt mit Argentinien diplomatisch entschärfen konnte, war die «Luxburg-Affäre» 1917 der Auslöser massiver Reformforderungen, die 1917 und 1918 in zahlreichen Denkschriften die Reichsregierung erreichten. Als eigentliche Revolution in der Geschichte einer konservativen Behörde wie des Auswärtigen Amts ist es bezeichnet worden, dass in der Folge der «Luxburg-Affäre» ein kaiserlicher Staatssekretär vor einer Runde kritischer und verärgerter Bürger zu den Geschehnissen Stellung nehmen musste. Dass zudem das 1917 errichtete Reichswirtschaftsamt vernehmbar seine Rechte auch im Bereich der Außenwirtschaft einforderte, beschleunigte die Reformanstrengungen im Auswärtigen Amt, das einen Einflussverlust verhindern wollte, zusätzlich. Im Mai 1918 beauftragte AA-Staatssekretär Richard v. Kühlmann Edmund Schüler und den verwaltungserfahrenen Offizier und Diplomaten Karl Graf Wedel mit der «Bearbeitung der mit der Umgestaltung des Auswärtigen Dienstes zusammenhängenden Geschäfte», und noch in den letzten Wochen des Kaiserreichs, Mitte Oktober 1918, wurde Schüler zum Dirigenten der AA-Personalabteilung ernannt.

Insgesamt hatte die Schülersche Reform, so ihr bester Kenner Kurt Doß, vier Säulen: 1. die Zusammenlegung der diplomatischen und der konsularischen Laufbahn. 2. die Einführung des Regionalsystems in der Berliner Zentrale des AA, also die strukturbildende Zusammenführung politischer und wirtschaftlicher Zuständigkeiten in neu geschaffenen Länderabteilungen. 3. die

Gründung einer mit dem Auswärtigen Amt verbundenen Außenhandelsstelle. 4. die Öffnung des Auswärtigen Dienstes, auch in führenden Positionen, für Fachleute aus anderen Bereichen, nicht zuletzt aus der Wirtschaft. Nicht einmal einen Monat nach der Ausrufung der Republik, am 2. Dezember 1918, kam es zur ersten wichtigen Reformmaßnahme: der Zusammenlegung der bisher getrennten diplomatischen und konsularischen Dienste und Laufbahnen. Die entsprechende Verfügung war eine der letzten Amtshandlungen des kaiserlichen Staatssekretärs Wilhelm Solf. Dass sie seine Unterschrift trug, unterstreicht noch einmal, dass die Reformdynamik aus der Zeit des Kaiserreichs in die Republik hinüberreichte. Die Integration der beiden Laufbahnen unter dem Dach des Auswärtigen Dienstes war nicht nur von dienstrechtlicher Bedeutung, sondern sie bildet auch eine Zäsur in der sozialen Zusammensetzung des deutschen Auswärtigen Dienstes. Mit einem Schlag wurde die soziale, adelig bestimmte Homogenität des diplomatischen Dienstes und insbesondere seiner Spitzengruppe aufgebrochen. Angehörige des konsularischen Dienstes, erfahrene Beamte mit oftmals enormen Kenntnissen wirtschaftlicher Zusammenhänge, konnten nun auch diplomatische Positionen bekleiden.

Edmund Schüler war zwar fraglos die treibende Kraft der Reform, doch ohne die Unterstützung der politischen Spitze des Auswärtigen Amts wären seine Bestrebungen ins Leere gelaufen. Ulrich Graf Brockdorff-Rantzau, Nachfolger Solfs, zunächst noch als Staatssekretär, ab Februar 1919 als dem Parlament verantwortlicher Reichsminister, machte sich den Reformkurs zu eigen, ja er kündigte in einer Rede vor der Weimarer Nationalversammlung im April 1919 umfassende Reformmaßnahmen an. Deren Durchführung fiel allerdings nicht mehr in seine Amtszeit, denn Brockdorff-Rantzau trat schon wenige Wochen später, am 20. Juni 1919, zusammen mit dem gesamten Reichskabinett von seinem Amt zurück, weil er den Versailler Vertrag, dessen Bestimmungen die von ihm geleitete deutsche Friedensdelegation nur geringfügig hatte verändern können, nicht mit unterzeichnen wollte. Doch auch seine Nachfolger, die sozialdemokratischen Minister Hermann Müller (21. Juni 1919 bis 26. März 1920) und Adolf Köster (10. April bis 8. Juni 1920), stützten die Reformanstrengungen Schülers, der in der Amtszeit Müllers im August 1919 zum Direktor der Personalabteilung des Amtes ernannt wurde und damit eine bürokratische Spitzenstellung mit entsprechendem Gewicht erreichte. Bereits im Januar 1919 hatte Brockdorff-Rantzau Schüler überdies zum Vorsitzenden eines Reformausschusses gemacht. Diesem Gremium, das die Grundlinien einer umfassenden Reform entwickeln sollte, gehörten die Leiter der damals existierenden vier alten Abteilungen des Amtes an, dazu der Leiter der Nachrichtenabteilung, zwei weitere AA-Angehörige, ein Repräsentant des Reichsschatzamts und bis zu sechs Vertreter des Wirtschaftslebens. Die politische Weisung, die der Ausschuss erhielt, stammte im Entwurf von Edmund Schüler. Seine Vorstellungen bestimmten den weiteren Verlauf der Reform.

Wenn Außenminister Brockdorff-Rantzau die Reform mit der Notwendigkeit begründete, auch im Auswärtigen Dienst «den Wechsel im Innern des Reichs erkennbar zum Ausdruck zu bringen», wird darin deutlich, wie sehr Revolution und Republikgründung 1918/19 die Veränderung des Amtes, sosehr sie schon früher gefordert und in ersten, zaghaften Ansätzen auch umgesetzt worden war, vorantrieben und dynamisierten. Dahinter stand nicht primär die Idee, die überkommene, adelig bestimmte Sozialstruktur des diplomatischen Dienstes aufzubrechen, aber diese Wirkung ergab sich gleichsam automatisch aus dem Imperativ, der wachsenden Bedeutung ökonomischer Faktoren in den Außenbeziehungen eines Landes gerecht zu werden. Das machte die bürgerlich-liberalen politischen Kräfte zu wichtigen Befürwortern der Reform, deren wirtschaftspolitische Interessen sich dabei mit Elementen liberaler Kritik an der Dominanz des Adels in Staat und Gesellschaft und damit den Ansprüchen neuer Führungsschichten verbanden. Das wiederum stieß auf die Zustimmung der Sozialdemokratie, so dass Schülers Reform auf die Unterstützung der zu Beginn der Weimarer Republik wichtigsten politischen Kräfte in Deutschland zählen konnte. Denn mit der Zentrumspartei stand auch die dritte Kraft der «Weimarer Koalition» einer AA-Reform aufgeschlossen gegenüber, von der man sich nicht zuletzt eine Erhöhung des Anteils katholischer Diplomaten versprach, die im Auswärtigen Dienst bislang deutlich unterrepräsentiert waren.

Schüler wollte nicht, wie ihm von seinen Gegnern und Kritikern schon in der Zeit, aber auch nachträglich vorgeworfen wurde, die Wirtschaft an die Stelle der Politik setzen. Aber es ging ihm darum, die scharfe Trennung zwischen den beiden Bereichen zu überwinden. Diesem Ziel diente bereits die Vereinigung der diplomatischen und der konsularischen Laufbahn. Mindestens ebenso wichtig wie diese Laufbahnreform und mit ihr untrennbar verbunden war eine umfassende Strukturreform in der Verwaltung der AA-Zentrale. An die Stelle der bisherigen Sachabteilungen und insbesondere der voneinander getrennten politischen und handelspolitischen Abteilungen trat ab März 1920 ein neues Regionalsystem. Die neu errichteten Regional- beziehungsweise Länderabteilungen waren sowohl für politische als auch für wirtschaftliche Fragen zuständig. Insgesamt sechs Länderabteilungen wurden begründet: Westeuropa (Abteilung II), Südosteuropa (III), Osteuropa (IV), Großbritannien und britisches Reich (V), Amerika, Spanien, Portugal (VI) und Ostasien (VII). In diesen Abteilungen waren einzelne Referate jeweils für bestimmte Länder oder Ländergruppen und das gesamte Spektrum der bilateralen Beziehungen zuständig. Die gestiegene Bedeutung der Wirtschaft und handelspolitischer Beziehungen spiegelte sich zusätzlich in der Bildung einer Außenhandelsstelle, die bereits zum 1. April 1919 errichtet wurde, ab 31. Juli 1920 als eigene Abteilung (X) des Amtes firmierte und als Verbindungsstelle zur Wirtschaft fungieren sollte. Dahinter stand aber auch der Anspruch, gerade gegenüber dem Reichswirtschaftsministerium den Primat des AA auf dem Gebiet der Außenwirtschaftspolitik zu unterstreichen und entsprechende Zuständigkeiten und Expertise in der AA-Zentrale anzusiedeln. Weitere Abteilungen des Amtes in der Zeit nach dem Ersten Weltkrieg waren die Abteilung I (Personal und Verwaltung), an deren Spitze zwischen 1919 und 1921 Edmund Schüler stand, die Rechtsabteilung (VIII), die Abteilung XI (Deutschtum im Ausland und Kultur), bei der die Auswärtige Kulturpolitik ebenso angesiedelt war wie die kulturelle Zuständigkeit für außerhalb Deutschlands lebende Deutsche (nicht zuletzt in den nach dem Ersten Weltkrieg abgetrennten Gebieten). Nur noch kurze Zeit bestand bis 1922 die Abteilung Frieden (F), hervorgegangen aus der dem Amt nachgeordneten Geschäftsstelle für Friedensverhandlungen. Ihre Aufgaben gingen sukzessive an verschiedene Referate anderer Abteilungen über. Die Presseabteilung (P) schließlich war eine Einheit sui generis. Sie ging organisatorisch und personell aus der im Krieg gegründeten Nachrichtenabteilung des Amtes hervor und nannte sich seit Oktober 1919 «Vereinigte Presseabteilung der Reichsregierung und des Auswärtigen Amts». Der Leiter dieser Abteilung, der «Pressechef der Reichsregierung», wurde auf Vorschlag des Reichskanzlers ernannt und war auch budgetär der Reichskanzlei zugeordnet. Seine Abteilung hingegen mit all ihren Mitarbeitern gehörte zum Auswärtigen Amt. Insgesamt also gab es in der frühen Weimarer Republik (Stichjahr 1920) zwölf AA-Abteilungen, ein erheblicher Unterschied zu den fünf Abteilungen im Jahr 1914.

Die Neugliederung der AA-Zentrale mit der Verschmelzung der diplomatischen und der konsularischen Laufbahnen führte dazu, dass eine ganze Reihe von Abteilungen in der Wilhelmstraße nun von Männern geleitet wurden, die aus dem bisherigen konsularischen Dienst kamen, in der Regel dem Bürgertum entstammten und wegen ihrer wirtschaftlichen und handelspolitischen Kompetenz in der Ära Schüler an die Spitze von Abteilungen berufen wurden. Das stieß bei den bisherigen Angehörigen des diplomatischen Dienstes, darunter nicht wenigen Adeligen, nicht nur auf Zustimmung, und auch aus solchen Motiven, nicht selten Karriereüberlegungen geschuldet, speiste sich die rasch einsetzende Kritik an der Schülerschen Reform aus dem diplomatischen Apparat heraus. Zu dieser Kritik gehörte immer wieder auch der Vorwurf, Schüler habe eine linkslastige Personalpolitik betrieben. Hier zeigte sich, dass die Kritik an Schülers Reform eine politische Dimension und einen politischen Hintergrund hatte und ohne die Republikfeindschaft, zumindest aber Republik- und Demokratieskepsis nicht weniger Exponenten der alten Diplomatie, die die Republikgründung als einen Sieg der Linken wahrnahmen und daher ablehnten, nicht zu erklären ist. Tatsächlich waren es nur einige – wenige – Angehörige der SPD beziehungsweise der Sozialdemokratie nahe stehende Personen, die nun in den Auswärtigen Dienst gelangten und dort höhere Funktionen ausübten. Das Gros der unter Schüler in leitende Positionen aufgestiegenen Diplomaten war eher dem liberalen Spektrum zuzurechnen, mit dem, insbesondere der linksliberalen DDP, nach allem, was wir wissen, auch Schüler selbst sympathisierte, ohne je einer Partei anzugehören.

Aufstiege und Neuberufungen in der Ära Schüler beschränkten sich indes nicht auf die Berliner Zentrale, sondern betrafen auch diplomatische Positionen im Ausland, darunter nicht wenige wichtige Botschafterposten. Hier waren es allerdings weniger frühere Angehörige des konsularischen Dienstes, die an die Spitze deutscher Auslandsvertretungen rückten, sondern echte «Außenseiter», die dem Auswärtigen Dienst bis dahin nicht angehört hatten. Das waren nicht nur Männer der Wirtschaft, obwohl Schüler nicht zuletzt in hanseatischen Wirtschafts- und Handelskreisen Spitzenpersonal zu rekrutieren versucht hatte, sondern auch eine Reihe republikanischer Politiker. Zu ihnen gehörten Gustav Landsberg, 1918/19 Angehöriger des Rats der Volksbeauftragten und später Reichsjustizminister, der nun Geschäftsträger in Brüssel wurde; Wilhelm Mayer-Kaufbeuren, ein Abgeordneter der katholischen Bayerischen Volkspartei (BVP), der den wichtigen Botschafterposten in Paris besetzte; Walter Koch, vormals sächsischer Innenminister und Mitglied der DVP, der nach Prag ging; und der Sozialdemokrat Adolf Müller, der bis 1933 deutscher Gesandter in Bern war. Aus Hamburg stammten zwei Senatoren der Hansestadt: Friedrich Sthamer, der Botschafter in London wurde, und John v. Berenberg-Goßler, der nach Rom ging, dort allerdings nur wenig mehr als ein Jahr blieb, weil er den Anforderungen an einen Botschafter in einer wichtigen europäischen Hauptstadt in keiner Weise gewachsen war. Berenberg-Goßler war eine der wenigen Fehlbesetzungen aus Außenseiterkreisen. Dennoch wurde sein Fall immer wieder von jenen angeführt, die, auch weil sie potentielle Konkurrenten fürchteten, Schülers Reformpolitik und die von ihm angestrebte Gewinnung von Außenseitern generell kritisierten.

Zu keinem Zeitpunkt allerdings überstieg die Anzahl der Außenseiter auf diplomatischen Spitzenpositionen die Zahl der schon vor 1918 dem Auswärtigen Dienst angehörenden Beamten. Von 24 diplomatischen Spitzenpositionen (Botschafter- und Gesandtenposten), die das Auswärtige Amt 1923 besetzt hatte, waren acht an Außenseiter vergeben, 16 an Karrierediplomaten. Dieses Verhältnis in den frühen Jahren der Weimarer Republik markierte bereits den Höhepunkt der von Schüler angestoßenen Entwicklung. In den Jahren danach war die Zahl der Außenseiter bereits wieder rückläufig. Dass nach 1918 vergleichsweise viele Außenseiter in Spitzenpositionen gelangen konnten, hatte freilich auch damit zu tun, dass eine ganze Reihe älterer Diplomaten, nicht wenige auf führenden Posten, nach Kriegsende ihre Positionen räumten und den Auswärtigen Dienst zum Teil sogar verließen. Von den höheren Beamten der Politischen Abteilung des kaiserlichen AA war 1921 keiner mehr in der Wilhelmstraße; insgesamt befanden sich von 335 höheren Beamten des Jahres 1914 im Frühjahr 1919 nur noch 184 im Dienst. Das schuf Verwendungsmöglichkeiten für Außenseiter. Doch bereits auf der zweiten Ebene, dominiert von Diplomaten mittleren Alters, war das Ausmaß der Veränderung wesentlich geringer. Dass diese Diplomatengeneration die Rekrutierung von Außenseitern kritisierte, ist wenig überraschend, weil ihre Angehörigen die eigenen Karrierechancen dadurch gefährdet sahen. Sie verlangten eine Rückgängigmachung der Reform, von der sie zuallererst profitieren würden. So stand am Ende der Schülerschen Reform zwar durchaus ein strukturell verändertes Auswärtiges Amt, insbesondere in seiner Berliner Zentrale; ein neuer Auswärtiger Dienst, geprägt durch Außenseiter, war jedoch nicht entstanden; die traditionelle Beamtenschaft konnte sich am Ende wieder durchsetzen und die Oberhand behalten. Das erinnert an die Entwicklung nach dem Zweiten Weltkrieg, als in der Gründungssituation des Auswärtigen Amts der Bundesrepublik 1950/51 die Stunde unbelasteter Außenseiter geschlagen zu haben schien. Doch auch damals setzten sich die Karrierebeamten des alten Dienstes rasch wieder durch, obwohl dieser Dienst und viele seiner Angehörigen durch nationalsozialistische Belastung viel stärker diskreditiert waren als die Diplomaten des Kaiserreichs zu Beginn der Weimarer Republik. In dieser vergleichenden Perspektive tritt die Reformleistung Edmund Schülers nach 1918, die Veränderung einer fortbestehenden Behörde mit einem Großteil ihres alten Personals, noch klarer hervor.

Insgesamt vergrößerte sich der Auswärtige Dienst in den Jahren nach dem Ersten Weltkrieg erheblich. Zwischen 1918 und 1922 wuchs die Zahl der im Ausland eingesetzten Beschäftigten aller Laufbahnstufen um etwa ein Drittel, während sich die Zahl der Mitarbeiter in der Berliner Zentrale verdoppelte. Zu diesen neuen Amtsangehörigen zählten nicht nur die von Schüler gewonnenen Außenseiter, sondern auch eine relativ große Zahl von Dienstanwärtern. Fast 100 Attachés wurden zwischen November 1918 und Dezember 1920 neu eingestellt; für Schüler waren die Gewinnung und die Ausbildung des Nachwuchses zentrale Elemente seiner Reformbemühungen. So ungeordnet und zum Teil improvisiert die Aufnahme von Attachés unmittelbar nach Kriegsende verlief, so standen für Schüler doch bestimmte Prämissen fest. Die Attachés sollten besoldet werden, erstmals, um den Eintritt in den Auswärtigen Dienst von sozial bestimmten Einkommensvoraussetzungen zu lösen und befähigtes Personal aus allen Gesellschaftsschichten gewinnen zu können. In der Diplomatenausbildung sollten wirtschaftliche Fragen eine stärkere Rolle spielen. Vor allem aber war nun ein abgeschlossenes Hochschulstudium – trotz der Reform von 1908 war es in der Regel noch immer Jura – nicht länger die unabdingbare Voraussetzung für den Eintritt in den höheren Auswärtigen Dienst. Schüler suchte nach Kompetenzen bei seinem diplomatischen Personal, beispielsweise im kaufmännischen oder im technischen Bereich, die nicht notwendig an ein Studium gekoppelt waren, sondern an berufliche Erfahrung. Darüber hinaus sollte für Schüler die dreijährige Attachézeit die eigentliche Ausbildungszeit sein, in der sich, über eine Einstellungsprüfung hinaus, die Eignung für den Auswärtigen Dienst erweisen musste. Ferner erachtete er es als sinnvoll, eine größere

Zahl von Anwärtern auszubilden, aber nicht alle dieser Attachés später zu übernehmen. Zwischen 1919 und 1923 wurde daher etwa ein Fünftel der Anwärter wieder aus dem Dienst entlassen. Das war freilich kostenintensiv und auch deshalb ein Ansatzpunkt für Kritik. Dahinter standen jedoch massive Vorbehalte gegen den Verzicht auf einen Hochschulabschluss, den die traditionelle Beamtenschaft heftig kritisierte. Mit Erfolg: Schon in der Anfang 1924 in Kraft tretenden neuen Ausbildungsordnung wurde die Zulassung zur Attachéausbildung wieder an ein abgeschlossenes Universitätsstudium gekoppelt.

Weder die Hineinnahme von Außenseitern in höhere Positionen des Auswärtigen Dienstes noch die Reform der Attachéausbildung und der Zugangsvoraussetzungen veränderten die soziale Zusammensetzung des diplomatischen Personals grundlegend. Zwar wurde die Dominanz des Adels gebrochen, aber gerade die höheren Positionen in der Berliner Zentrale und an den wichtigeren Auslandsvertretungen wurden weiterhin von Angehörigen der Oberschicht, Adel und Großbürgertum, besetzt. Für den diplomatischen Nachwuchs der Weimarer Zeit hat Hans-Jürgen Döscher errechnet, dass der größte Teil dieser Gruppe (über 80 Prozent) der Oberschicht entstammte (Söhne von hohen Offizieren, Diplomaten und Verwaltungsbeamten, Gutsbesitzern und Unternehmern), der kleine Rest der oberen Mittelschicht. Eine Verbreiterung der sozialen Basis des höheren diplomatischen Personals ging mit der Schülerschen Reform also nicht einher. Auch die in der Weimarer Republik eingesetzten Diplomaten waren überwiegend Protestanten (über 80 Prozent). Katholiken blieben unterrepräsentiert. Unter den leitenden Beamten in Berlin und im Ausland befanden sich etwa 15 bis 20 Katholiken: Im Stichjahr 1927 waren von allen Angehörigen des höheren Dienstes (einschließlich der Attachés) 505 protestantisch, 84 katholisch. Die Zahl der Juden blieb sehr gering, auch wenn durch die Schülersche Reform einige jüdische Quereinsteiger Diplomaten wurden. Die Mitgliedschaft in Studentenverbindungen, vor allem den feudalen und exklusiven Corps, blieb wie im Kaiserreich wichtig. Von den 161 Beamten, die während der gesamten Zeit der Weimarer Republik leitende

Funktionen im Auswärtigen Dienst ausübten, gehörten immerhin 49 einem Corps an, nicht wenige den Bonner «Borussen» oder den Heidelberger «Saxo-Borussen», die auch in der Zeit nach 1918 noch eine wirkmächtige Netzwerk- und Karriereagentur waren.

Schüler selbst scheint geahnt zu haben, dass das Reformfenster in der Wilhelmstraße nach 1918 nicht lange offen stehen würde. Schnell, geradezu hastig, folgten die Reformschritte einander, die Schüler mit großer Entschlossenheit und zum Teil ausgesprochen autoritär durchzusetzen versuchte. Das freilich konnte nur so lange funktionieren, wie der Personalchef den Rückhalt seines Ministers besaß. Dies war unter den Ministern Brockdorff-Rantzau, Müller und Köster der Fall, änderte sich aber, als im Juni 1920 Walter Simons Außenminister wurde. Der parteilose Minister war 1918/19 Chef der Reichskanzlei gewesen, danach Geschäftsführer des Vereins deutscher Industrieller, eines unternehmerischen Spitzenverbands. Zwar stand er wohl auch deshalb den Reformmaßnahmen nicht ablehnend gegenüber, ihn irritierte aber offenkundig der unbedingte Dominanzanspruch Schülers, der zu Zugeständnissen oder Kompromissen nicht bereit schien. Das hatte bereits amtsintern zu erheblichen Konflikten mit Gegnern des Reformkurses geführt, wurde aber auch jenseits des Amtes und in der Reichsregierung zum Problem, als eine verschärfte Sparpolitik der Reichsregierung auch die Fortsetzung der Reformen, zu denen eine kostenintensive Personalpolitik gehörte, gefährdete. Aus eigenem Entschluss, möglicherweise aber um einer Entlassung oder Versetzung zuvorzukommen, räumte Schüler vor diesem Hintergrund am 31. Dezember 1920 seinen Posten und wurde 1921 dauerhaft beurlaubt.

Akute Sparzwänge, keinesfalls nur vorgeschoben, standen hinter der Reform der Reform, die unmittelbar nach dem Ausscheiden Schülers einsetzte. In die von Außenminister Simons geforderte «Reorganisation des Auswärtigen Dienstes» setzten vor allem die eher traditionell orientierten Karrierebeamten ihre Hoffnungen. Zu ihnen gehörte der deutsche Gesandte in Kopenhagen, Constantin Freiherr v. Neurath, der schon im Februar 1921 den Auftrag des Ministers erhielt, Überlegungen zur Personalstruktur des Amtes anzustellen. Neurath, der spätere Außenminister, war von Simons auch zum Sonderbeauftragten für eine neue Attachéabteilung ernannt worden. Die von ihm ausgearbeitete und im Februar 1921 in Kraft gesetzte Ausbildungsordnung für den Auswärtigen Dienst atmete zwar noch den Geist der Schülerschen Reform und bedeutete unabhängig davon einen erheblichen Professionalisierungsschub für den deutschen diplomatischen Dienst, weil sie die Grundlage für eine planmäßige Rekrutierung schuf und Strukturen wie Inhalte der Attachéausbildung verbindlich fixierte. Aber gerade die Schüler besonders wichtigen Elemente der Personalgewinnung und Ausbildung, darunter die Aufnahme von Nicht-Akademikern, hatten nicht lange Bestand. So hatte Neurath schon 1921 keinen Zweifel daran gelassen, dass er seine Aufgabe in erster Linie darin sah, «das Auswärtige Amt von unliebsamen Neulingen ohne geeignete Vorbildung, darunter diverse Juden, zu reinigen». Der spätere Außenminister stand nicht allein mit dieser Einstellung, zu der eben auch ein Antisemitismus gehörte, der sich bereits während des Kaiserreichs in der adelig dominierten deutschen Oberschicht und den nationalkonservativen Funktionseliten ausgebreitet hatte und sich durch die Krisenwahrnehmung von Kriegsende und Revolution und die damit in vielen Fällen verbundene Verlusterfahrung politisch radikalisierte. Hier waren politische und ideologische Dispositionen angelegt, die für die Bewertung der nationalsozialistischen Politik ab 1933 durch deutsche Diplomaten von erheblicher Bedeutung waren. Für die Zeit nach 1920 jedenfalls überrascht es nicht, dass vor solchem Hintergrund die Jahre eines vergleichsweise hohen Außenseiteranteils im Auswärtigen Amt gezählt waren und es nicht zu einer Verschmelzung von alten und neuen Diplomaten kam. Die Verschärfung der Sparpolitik der Reichsregierung nach dem Ende der Hyperinflation und der Währungsreform im Herbst 1923 führten auch in der Wilhelmstraße zu Personalabbau. Innerhalb weniger Monate wurde das AA-Personal um fast ein Viertel (22,7 Prozent) reduziert. Betroffen davon waren vor allem Angestellte des Amtes, fast 600 Personen, die nicht der traditionellen Beamtenlaufbahn des diplomatischen Dienstes angehörten, unter ihnen nicht wenige Außenseiter, die nach 1918 ins Auswärtige Amt gekommen waren.

Kritisch bewertet worden war auch die Strukturreform in der AA-Zentrale, die Schüler 1920 durchgesetzt hatte. Insgesamt zwölf Abteilungen gab es nun, darunter sechs Regionalabteilungen, und man hatte zwar die Trennung von Politik und Wirtschaft überwunden, dafür aber eine im Vergleich zu der Struktur vor 1914 relativ komplizierte und unübersichtliche Organisation geschaffen, die alles andere als reibungslos und effizient funktionierte. So führte die Ostabteilung ein starkes Eigenleben und verfolgte politische Ziele, die mit den «Westabteilungen» kaum abgestimmt waren. Der Vertrag von Rapallo (1922) war ganz wesentlich das Werk der Ostabteilung, die Kritik der anderen Abteilungen massiv. Auch diese Kritik fiel auf Schüler zurück, sosehr andere Faktoren zu den Problemen beigetragen hatten, nicht zuletzt die häufigen Ministerwechsel in den ersten Jahren der Weimarer Republik. Um die Abstimmung unter den Abteilungen zu verbessern, um unkoordiniertes Handeln zu verhindern und um der Führung des Ministeriums bessere Steuerungsmöglichkeiten zu geben, wurden schon zu Beginn der zwanziger Jahre ein «Büro Reichsminister» und ein «Büro Staatssekretär» eingerichtet. Vor allem das Ministerbüro entwickelte sich binnen kurzem zu einer zentralen Stelle der politischen Steuerung. Die Einführung täglicher Besprechungen aller Abteilungsdirektoren unter Leitung des Staatssekretärs, «Morgenandachten» genannt, gehörte zu den Maßnahmen, mit denen die aus der Umorganisation entstandenen Schwierigkeiten überwunden und die Effizienz der AA-Zentrale gesteigert werden sollte. Vor allem aber wurden schon zum 1. Januar 1922 die sechs Länderabteilungen zu drei Abteilungen mit je vergrößerter Zuständigkeit zusammengeführt, ohne dass freilich der Grundsatz des Regionalprinzips aufgegeben worden wäre. Die Außenhandelsstelle (Abteilung X), ein Lieblingskind Schülers, wurde wieder aufgelöst. Die ab 1923 existierende Abteilung W (Wirtschaft) hatte mit der früheren Außenhandelsstelle nur wenig zu tun, allerdings spiegelte auch sie die gestiegene Bedeutung der wirtschaftlichen Dimension internationaler Beziehungen (für Deutschland natürlich auch vor dem Hintergrund des Versailler Vertrags und seiner wirtschaftlichen und finanziellen Auswirkungen).

Sowenig die Schülersche Reform und die mit ihr verbundene Personalpolitik einen «Linksruck» innerhalb des Auswärtigen Dienstes bedeuteten, so wenig waren das Ende beziehungsweise die partielle Rückgängigmachung der Schülerschen Reform gleichbedeutend mit einer Wendung nach rechts. Die Durchsetzung einer «republikanischen Außenpolitik» (Peter Krüger) im Zeichen von Verständigung und multilateraler Kooperation ist mit der Amtszeit Gustav Stresemanns als Außenminister (1923 bis 1929) eng verbunden. Seinen Vorgängern Friedrich Rosen, einem parteilosen Diplomaten, Joseph Wirth (Zentrum), dem am 21. Juni 1922 von Rechtsradikalen ermordeten Walther Rathenau und dem parteilosen Amtsangehörigen Frederic v. Rosenberg, die jeweils nur wenige Monate in der Wilhelmstraße amtierten, gelang es nicht, der deutschen Außenpolitik einen eigenen Stempel aufzudrücken. Der DVP-Politiker Stresemann hingegen prägte in seiner Amtszeit nicht nur die Außenpolitik der Weimarer Republik, die bis heute mit seinem Namen verbunden ist, sondern auch das Auswärtige Amt, an dessen Spitze er über sechs Jahre stand. Von Stresemanns innenpolitischer Stellung, seiner parlamentarischen Bedeutung und seinem geschickten, modernen Umgang mit der Presse profitierte das Auswärtige Amt, das in den ersten Jahren der Republik oft genug um seine außenpolitische Dominanz hatte fürchten und sich mit konkurrierenden Ansprüchen anderer Institutionen hatte auseinandersetzen müssen. Davon konnte in der Ära Stresemann keine Rede mehr sein. Stresemann war nicht nur Außenminister, sondern der wichtigste Außenpolitiker des Reiches, und seine Außenpolitik wurde im Auswärtigen Amt ausgestaltet und von deutschen Diplomaten umgesetzt. Das Amt wiederum und insbesondere die Spitzenbeamten der Berliner Zentrale um Staatssekretär Carl v. Schubert vergalten diese Aufwertung und diesen Prestigegewinn ihrem Minister mit kraftvoller und kompetenter Unterstützung und großer Loyalität.

Angesichts der häufigen Ministerwechsel vor der Amtsübernahme Gustav Stresemanns hatte sich die Bedeutung der führenden Beamten in der Berliner AA-Zentrale in den frühen zwanziger Jahren noch erhöht. An der Spitze dieser Gruppe standen die Staatssekretäre. Gab es bis Ende 1922 noch zwei Staatssekretäre, einer davon mit besonderer Zuständigkeit für wirtschaftliche Fragen, so existierte danach nur noch eine Staatssekretärsstelle. Zwischen Ende 1922 und Ende 1924 war Ago (eigentlich: Adolf Georg Otto) v. Maltzan AA-Staatssekretär, der vorher Leiter der Ostabteilung und in dieser Position einer der Architekten der deutschen Politik gegenüber der jungen Sowjetunion gewesen war, die am 16. April 1922 im deutsch-sowjetischen Vertrag von Rapallo gipfelte. Als Staatssekretär entwickelte sich Maltzan immer stärker zum Befürworter einer Westorientierung der deutschen Außenpolitik, die vor allem auf enge Beziehungen zu den Vereinigten Staaten setzte. Auch deshalb wurde er Anfang 1925 deutscher Botschafter in Washington. Maltzan, den viele Kollegen und Zeitgenossen für den fähigsten deutschen Diplomaten hielten, starb zwei Jahre später im Alter von 50 Jahren bei einem Flugzeugabsturz.

Sein Nachfolger als Staatssekretär war schon Ende 1924 Carl v. Schubert geworden. Im gleichen Jahr wie Maltzan in den Auswärtigen Dienst eingetreten, leitete Schubert seit 1921 die Englandabteilung des Amtes und war in dieser Funktion der wichtigste Exponent einer pro-westlichen und insbesondere pro-britischen Politik des Reiches. In dieser Westorientierung lag der Hauptgrund, warum Stresemann Schubert, der allerdings auch ein fähiger Organisator war, zum Staatssekretär ernannte. Schubert wollte Ruhe in das durch die häufigen Ministerwechsel, die Reformen, aber auch durch die politische Entwicklung aufgewühlte Amt bringen, und er wollte dessen Arbeit, insbesondere in der Zentrale, effizient organisieren. Dazu gehörte für ihn auch ein langfristig angelegter personeller Ausbau. Erstmals 1925 wurden nach den Spareinschnitten der Vorjahre wieder 29 Attachés eingestellt, 1926 noch einmal 29 und im Folgejahr weitere 22. Neue Auslandsvertretungen sollten entstehen, insbesondere neue Konsulate, um – ganz im

Geiste Schülers – die deutschen wirtschaftlichen Interessen zu fördern.

Vor allem aber war eine effiziente Organisation des AA für Schubert Voraussetzung und Grundlage für jene neue deutsche Außenpolitik, die Stresemann verfolgte und die der Staatssekretär zusammen mit seinem Minister zu entwickeln und umzusetzen beabsichtigte. Denn beide gemeinsam, der Minister und sein Staatssekretär, standen für die mit Stresemanns Namen verbundene multilaterale, auf Kooperation setzende Verständigungs- und Entspannungspolitik der Jahre bis 1929/30, wie sie nicht zuletzt dem Vertragswerk von Locarno 1925 zugrunde lag. Mit den Locarno-Verträgen kehrte die Weimarer Republik als Großmacht in die internationale Politik zurück, wurde Mitglied des Völkerbunds, ja erhielt sogar einen ständigen Sitz im Völkerbundsrat, bekannte sich jedoch zugleich zur Unverletzlichkeit der nach 1918 entstandenen deutschen Westgrenze (der französischen und belgischen Ostgrenze) und zu einer Politik des Gewaltverzichts. Für die temporäre Stabilisierung der Weimarer Republik in ihren mittleren Jahren spielten auch diese außenpolitischen Entwicklungen eine wichtige Rolle. Zu der einflussreichen AA-Führungsgruppe um Schubert gehörten in jenen Jahren ferner die Abteilungsleiter Friedrich Wilhelm Gaus (Rechtsabteilung), Gerhard Köpke (Abteilung West- und Südeuropa, stellvertretender Staatssekretär) und Karl Ritter (Wirtschaft und Reparationen). Genau wie Maltzan und Schubert waren die drei Ministerialdirektoren keine im Zuge der Schülerschen Reform ins AA gekommenen Außenseiter, sondern Karrierediplomaten, die schon im Kaiserreich in den Auswärtigen Dienst eingetreten waren. Auch sie stehen also für jene Elitenkontinuität über die Zäsur von 1918 hinweg, die von der Forschung immer wieder betont worden ist. Zugleich verweisen sie aber auch darauf, dass Elitenkontinuität nicht notwendig Politikkontinuität bedeutet. Das gilt letztlich auch für Außenminister Stresemann selbst, der wie seine Spitzendiplomaten politische Lehren aus dem Krieg und der internationalen Konstellation nach Kriegsende zog, neue außenpolitische Zielvorstellungen entwickelte und Methoden, um diese Vorstellungen zu realisieren. Er war ohne Frage die Leitfigur jener außenpolitischen Elite, die auf dem Boden von Republik und Demokratie stand und den Versuch unternahm, eine Außenpolitik zu konzipieren und umzusetzen, die der inneren Ordnung Deutschlands nach 1918 entsprach.

Nicht alle Angehörigen des Auswärtigen Dienstes teilten freilich die Positionen Stresemanns, Schuberts und ihres Umfelds. Schon in der Ära Stresemann kam es immer wieder zu Konflikten beispielsweise zwischen Staatssekretär v. Schubert und dem AA-Völkerbundsreferenten Bernhard v. Bülow. Das Völkerbundsreferat war 1923 eingerichtet worden, weil der Völkerbund für die deutsche Außenpolitik immer wichtiger geworden war, auch wenn Deutschland ihm zunächst nicht angehörte. Bülow, 1911 in den diplomatischen Dienst eingetreten, hatte diesen Dienst 1919 quittiert und sich als politischer Publizist betätigt. Er galt, als er Anfang 1923 in die Wilhelmstraße zurückgeholt wurde, als scharfer Kritiker des Völkerbunds. Im Amt war er unmittelbar dem Staatssekretär unterstellt, was einerseits erheblichen Einfluss bedeutete, andererseits aber seinen Handlungsfreiraum einengte. Es kam immer wieder zu Auseinandersetzungen, in denen sich die grundsätzliche Spannung zwischen den Vertretern einer republikanisch-demokratischen Außenpolitik im Sinne Stresemanns und den Exponenten einer traditionellen, an der Idee des autonomen nationalen Machtstaats orientierten Außenpolitik zeigte.

Vor dem Hintergrund dieser Konfliktkonstellation war der Tod Stresemanns am 3. Oktober 1929 eine entscheidende Zäsur der deutschen Außenpolitik und auch in der Geschichte des Auswärtigen Amts. Nachfolger im Amt des Außenministers wurde Stresemanns Parteifreund Julius Curtius, der zuvor seit 1926 in verschiedenen Regierungen das Amt des Reichswirtschaftsministers bekleidet hatte. Der DVP-Politiker kam keineswegs mit der Zielsetzung in die Wilhelmstraße, den Kurs der deutschen Außenpolitik grundsätzlich zu verändern, sondern bekannte sich zur Politik seines Vorgängers, als dessen «Testamentsvollstrecker» er sich einmal bezeichnete. Allerdings bewegte sich Curtius in einem nach einigen Jahren relativer Stabilität in Bewegung geratenen innen- und außenpolitischen Umfeld. Ganz unmittelbar wirkte wenige Wochen nach Stresemanns Tod die durch den Zusammenbruch der New Yorker Börse ausgelöste Weltwirtschaftskrise auf die Außenpolitik der von ihr betroffenen Staaten ein. Die Zeiten internationaler wirtschafts- und finanzpolitischer Kooperation schienen vorbei, die ökonomische Krise führte binnen kurzem zu einem Renationalisierungsschub in der Wirtschafts- und Finanzpolitik, die freilich mittlerweile wichtige Dimensionen von Außenpolitik geworden waren. Nationale Eigeninteressen wurden wieder zum entscheidenden Bestimmungsfaktor von Außenpolitik. Zwar verfolgte auch die deutsche Außenpolitik unter Stresemann nationale Interessen, aber immer war es darum gegangen, die eigenen Interessen mit den Interessen anderer Staaten, die man als legitim anerkannte, zu verbinden und in eine multilateral akzeptierte Gesamtkonstellation zu bringen. Das änderte sich nun vor dem Hintergrund der Wirtschaftskrise, in Deutschland aber auch angesichts einer bereits in der zweiten Hälfte der 1920er Jahre deutlich erkennbaren Rechtsorientierung der Politik, wo in zum Teil scharfer Auseinandersetzung mit der Linie Stresemanns ein «nationalerer» Kurs gefordert wurde. Die Kampagne gegen die im Young-Plan von 1929 festgelegte Regelung der deutschen Reparationszahlungen, die für den Aufstieg der NSDAP von erheblicher Bedeutung war, ließ diese Rechtsentwicklung erkennbar werden, und auch wenn das Volksbegehren gegen den Young-Plan schließlich scheiterte, so war die Kritik an Stresemanns Außenpolitik doch unüberhörbar und fand insbesondere in der scharfen Forderung nach einer umfassenden Revision des Versailler Vertrags breite und wachsende Unterstützung.

Als 1930 das erste Präsidialkabinett gebildet, der Zentrumspolitiker Heinrich Brüning Reichskanzler wurde und Curtius Außenminister blieb, hatten sich diejenigen politischen Kräfte, die eine andere, eine nationalere und konfrontativere Außenpolitik wollten, durchgesetzt. Zu diesen Kräften sind auch Reichspräsident v. Hindenburg und sein nationalkonservatives Umfeld zu zählen. Seit seiner Wahl 1925 hatte der Reichspräsident außenpolitischen Einfluss zu nehmen versucht, jetzt sah er unter den Bedingungen einer präsidialen Regierung seine Stunde gekommen. Aus dem Artikel 45 der Weimarer Verfassung, der die völkerrechtliche Vertretung des Reiches durch den Präsidenten festlegte, leitete man im Büro des Reichspräsidenten ein Mitspracherecht bei Personalentscheidungen ab. Dass Hindenburg die Entlassung Carl v. Schuberts als AA-Staatssekretär im Juni 1930 begrüßte, steht außer Frage. Schubert wurde als deutscher Botschafter nach Italien geschickt und damit kaltgestellt. Mit ihm verloren all jene Diplomaten in der Wilhelmstraße, zum Teil aber auch in den deutschen Auslandsvertretungen, die den Kurs einer deutschen Verständigungspolitik vertraten, ihre amtsinterne Führungsfigur, die ihnen auch noch nach Stresemanns Tod Rückendeckung gewährt hatte. Die Folge waren ein rasch erkennbarer Einflussverlust und in vielen Fällen eine Marginalisierung im Amt.

Nachfolger Schuberts wurde sein Kontrahent Bülow, der zusammen mit seinem Außenminister und in Übereinstimmung mit Reichskanzler Brüning für eine aktive, ja konfrontative Außen- und vor allem Revisionspolitik stand. Zwar scheiterte der erste Versuch einer solchen Politik, das Vorhaben einer deutsch-österreichischen Zollunion, 1931 kläglich. Nicht nur musste in der Folge dieses politischen Desasters Außenminister Curtius zurücktreten, sondern das Auswärtige Amt, das für diesen Misserfolg verantwortlich war, verlor insgesamt an Reputation und politischem Gewicht, die man in der Ära Stresemann so mühsam aufgebaut hatte. Anders als sein Minister blieb Staatssekretär Bülow jedoch im Amt. Reichskanzler Brüning, der im Herbst 1931 das Außenministerium selbst übernahm, glaubte auf die Erfahrung Bülows und seine Autorität in der Wilhelmstraße angewiesen zu sein, zumal Brüning sich primär der Reparationsfrage widmen wollte, während die übrige Außenpolitik bei Bülow angesiedelt sein sollte. Doch die Ernennung Bülows und seine Tätigkeit an der Spitze des Amtes sind nicht isoliert zu betrachten. Mit dem neuen Staatssekretär gewannen nun im Auswärtigen Dienst immer stärker diejenigen Diplomaten an Gewicht, die eher zu den Gegnern der Politik Stresemanns und Schuberts zu rechnen waren, sich aber mit ihren Positionen bislang nicht hatten durchsetzen können. Es war keine kleine

Gruppe, deren Einfluss nun zunahm. Sie rekrutierte sich aus Beamten, zumeist vor 1914 in die damalige diplomatische Laufbahn des Auswärtigen Diensts eingetreten, die schon die Schülersche Reform und insbesondere den Aufstieg der Außenseiter heftig kritisiert hatten und die Stresemann und Schubert auch vorwarfen, Außenseiter auf führenden Positionen belassen zu haben. Ernst v. Weizsäcker gehörte dazu, aber auch Constantin v. Neurath, Hans-Heinrich Dieckhoff und andere, bei denen sich mit dem Wechsel von Schubert zu Bülow auch die Hoffnung auf einen Karriereschub verband, der in vielen Fällen – Dieckhoff, der im August 1930 Abteilungsleiter wurde, ist nur ein Beispiel – auch eintrat. «Es ist ... geradezu ein Amtsplebiszit, dass er der richtige sei», kommentierte Ernst v. Weizsäcker, damals Leiter des Abrüstungsreferats in der Wilhelmstraße, die Ernennung Bülows.

Der politische Kurswechsel hatte auch deshalb rasche und nicht unbedeutende personalpolitische Folgen, weil durch einen Zufall 1929/30 fast gleichzeitig eine Reihe von Spitzenbeamten, die als Außenseiter in den Dienst gekommen waren oder aus der konsularischen Laufbahn stammten, verstarben oder in den Ruhestand traten. Zu ihnen zählten der Gesandte in Norwegen Erich Wallroth, der Abteilungsleiter Walter de Haas, der Gesandte in Belgrad Adolf Köster, der Gesandte in Warschau Ulrich Rauscher, der sich immer wieder für ein gutes deutsch-polnisches Verhältnis eingesetzt hatte, und Friedrich Sthamer, der Botschafter in London. Der Tod beziehungsweise das Ausscheiden dieser Beamten, die allesamt zu den Vertretern der Politik Stresemanns gehörten, schuf personalpolitische Handlungsspielräume für die neue Amtsführung und setzte eine Dynamik in Gang, die sich ab 1932 noch verstärkte, als mit Constantin v. Neurath, der schon 1930 zum Botschafter in London aufgestiegen war, ein konservativer Diplomat, der für eine klar national-machtstaatliche Außenpolitik stand, im Präsidialkabinett Papen Außenminister wurde. Als Botschafter in Rom (1921–1930) hatte sich Neurath beharrlich geweigert, zum Verfassungstag der Weimarer Republik eine Feierstunde in der Botschaft durchzuführen, für die sich Stresemann ausgesprochen hatte. Andere Diplomaten lehnten es ab, die schwarz-rot-goldene Fahne an ihren Vertretungen zu hissen, und gaben den kaiserlichen Farben Schwarz-Weiß-Rot den Vorzug.

Mit Neuraths Aufstieg zum Minister verlor Schubert auch seinen Botschafterposten in Rom und wurde vorzeitig in den Ruhestand geschickt. Fast zeitgleich schied der Sozialdemokrat Walter Zechlin als Leiter der Presseabteilung aus. Mit diesem Revirement in der Wilhelmstraße, aber auch in wichtigen Auslandsvertretungen, hatte 1932 auf der Spitzenebene des Auswärtigen Dienstes jene Personalkonstellation Gestalt angenommen, in der 1933 der Übergang des Auswärtigen Amts ins Dritte Reich stattfand. Bis auf wenige Ausnahmen waren die Exponenten der multilateralen Verständigungspolitik Stresemanns entweder ausgebootet oder an den Rand gedrängt worden. An ihre Stelle traten Befürworter einer konfrontationsbereiten Interessenpolitik im Zeichen aktiver Revision. Viele dieser Diplomaten konnten auf eine Karriere zurückblicken, die im Kaiserreich begonnen hatte; nicht wenige unter ihnen, Ulrich v. Hassell beispielsweise, der 1932 Schuberts Nachfolger in Rom wurde, waren 1918/19 vehemente Gegner von Revolution und Republikgründung gewesen, aber auch scharfe Kritiker der AA-Reform in der Ära Schüler. Einer nationalsozialistischen Politik im Zeichen deutschen Großmachtanspruchs und aggressiver Revisionspolitik würden sie, das zeichnete sich schon vor 1933 ab, keinen Widerstand entgegensetzen, zumal sie, wie Staatssekretär Bülow schon im Januar 1932 erklärte, überzeugt waren, dass das Auswärtige Amt die deutsche Außenpolitik auch unter einer Regierung Hitler, die man keineswegs zu verhindern trachtete, auf gutem Wege halten könne.

4. Kapitel: «Neue Diplomatie»? Das Auswärtige Amt des Dritten Reiches (1933–1945)

«Man lässt sein Land nicht im Stich, weil es eine schlechte Regierung hat.» Kurz vor seinem Tod 1936 rechtfertigte AA-Staatssekretär Bernhard Wilhelm v. Bülow sein Verharren im Amt nach der nationalsozialistischen Machtübernahme. Drei Jahre zuvor war das nationalsozialistische Regime, das seit dem 30. Januar 1933 seine Herrschaft errichtete, in der Einschätzung Bülows nicht mehr als ein weiteres Kabinett in der langen Serie wechselnder Regierungen der Weimarer Republik. Noch am Tag der nationalsozialistischen Machtübernahme ging ein Runderlass Bülows an alle deutschen Auslandsvertretungen: Es bestehe kein Grund zur Beunruhigung. Außenministerminister Neurath, Finanzminister Schwerin v. Krosigk, aber auch der neu ins Amt gekommene Reichswehrminister v. Blomberg stünden für die Kontinuität deutscher Politik. Doch während der nationalsozialistische Propagandaapparat am 21. März 1933 in der Potsdamer Garnisonskirche Hitler und die nationalsozialistische Führung in eine alte preußisch-deutsche Tradition stellte, die von Friedrich II. über Bismarck bis hin zu Hindenburg reichte, hatte überall im Land längst die Verfolgung politischer Gegner begonnen, waren Grundrechte der Weimarer Verfassung außer Kraft gesetzt und Vorbereitungen für ein Ermächtigungsgesetz getroffen worden, das wenige Tage später in Deutschland den Parlamentarismus abschaffte und die gesamte Staatsgewalt der nationalsozialistischen Regierung übertrug. Auch der Antisemitismus der nationalsozialistischen Bewegung war zum Regierungsprogramm geworden, Gewalt und Terror gegen jüdische Deutsche waren an der Tagesordnung.

Bülows Position von 1933 war ein politisches Urteil, kein moralisches. Darin spiegelte sich die Überzeugung des Staatssekretärs, die Regierung Hitler werde bald abgewirtschaftet haben und durch eine andere, ein weiteres Präsidialkabinett, ersetzt werden. Das war nicht die Vorstellung, die Nationalsozialisten durch Regierungsbeteiligung zähmen zu können, für die Hitlers Vizekanzler Franz v. Papen stand und wie sie im national-konservativen Lager weithin vertreten wurde, sondern die Idee einer Übergangsperiode, eines Experiments, das rasch fehlschlagen werde. Gerade aus dieser Überzeugung aber leitete sich für Bülow und für die Führung des Auswärtigen Amts der Imperativ kontinuierlicher und unbeirrter Tätigkeit ab, um eine Fortsetzung des außenpolitischen Kurses der letzten Jahre sicherzustellen. Vor diesem Hintergrund ist auch ein Rücktrittsgesuch zu sehen, das Bülow im Mai 1933 entwarf, und sein Bemühen, eine Reihe von Spitzendiplomaten, die Botschafter in London, Paris und Moskau, zu einer gemeinsamen Demissionserklärung zu bewegen. Aber um Rücktritt ging es eigentlich nicht. Vielmehr wollte der Staatssekretär den außenpolitischen Einfluss des Auswärtigen Amts festigen und außenpolitische Kontinuität erreichen; er wollte Druck auf die Regierung ausüben und zugleich – ein für die Geschichte des Auswärtigen Amts nach 1933 zentraler Aspekt – die außenpolitische Führungsrolle des Amts angesichts konkurrierender Ansprüche von NS-Organisationen absichern. Am Ende blieb die Rücktrittsofferte in der Schublade. Schien Bülow das Risiko zu groß, dass sie angenommen werden könnte und der außenpolitische Einfluss des Auswärtigen Amts in der Folge eher zurückgehen würde? «Die Neugestaltung Deutschlands», so hieß es in Bülows Entwurf, habe «Erscheinungen und Vorgänge gezeitigt, die mit der Würde und Sicherheit des Reiches und mit der Fortführung einer gesunden Außenpolitik unvereinbar sind». Darum ging es im Kern: um die Kontinuität deutscher Außenpolitik und ihren seit dem Tod Stresemanns forcierten Revisionskurs. Den Terror und die Gewalt überall in Deutschland, die Bülow und die deutschen Spitzendiplomaten in aller Klarheit wahrnahmen, hielt man für «Revolutionserscheinungen», die sich «allmählich abschleifen» würden.

Nur wenige deutsche Diplomaten waren nicht bereit, einem Regime zu dienen, das für eine solche Gewaltpolitik verantwortlich war und die Demokratie zerstörte. Zu ihnen gehörte Friedrich v. Prittwitz und Gaffron, der Botschafter in Washington, der noch im Frühjahr 1933 den Dienst quittierte. Er könne, so begründete Prittwitz gegenüber Außenminister Neurath seinen Schritt, «sowohl aus Gründen des persönlichen Anstandes wie solchen der sachlichen Aufgaben» nicht weiter seinen Dienst ausüben, ohne sich «selbst zu verleugnen». Albrecht Graf Bernstorff, zweiter Mann der Londoner Botschaft, der wegen seiner Kritik am Nationalsozialismus aus England abberufen worden war und nach Singapur abgeschoben werden sollte, ließ sich Ende 1933 in den Ruhestand versetzen. Doch Prittwitz und Bernstorff waren Ausnahmen. Die allermeisten ihrer Kollegen, gerade auch in den Spitzenrängen des deutschen Auswärtigen Dienstes, versahen ihre Aufgaben, ob nun in der Berliner Zentrale oder in den Missionen im Ausland, mit großer Geschäftsmäßigkeit weiter. Und wenn der Außenminister, immerhin selbst ein Angehöriger des Auswärtigen Dienstes, der Staatssekretär und so gut wie alle Spitzendiplomaten auf ihren Posten blieben, war das nicht auch ein Signal für die übrigen Amtsangehörigen? So erschien vielen Diplomaten der 30. Januar 1933 nicht als die tiefe Zäsur, die sich in der Retrospektive mit diesem Datum verbindet. Den Nationalsozialismus und die nationalsozialistische Regierung seit 1933 maß man nicht, zumindest aber nicht primär, an den inneren Entwicklungen in Deutschland, sondern an ihrem außenpolitischen Programm und ihrer Außenpolitik. Und diese Außenpolitik schien genauso auf Revision des Versailler Vertrags, auf eine Überwindung der Versailler Ordnung und auf einen Wiederaufstieg Deutschlands zu einer europäischen Großmacht gerichtet wie der Kurs, den das Auswärtige Amt und seine Führung vertraten.

Dabei war Außenminister Neurath anwesend, als Hitler am 3. Februar 1933 den Spitzen der Reichswehr seine außenpolitische Zielsetzung darlegte. Von seiner Absicht der «Eroberung neuen Lebensraums im Osten» und dessen «rücksichtsloser Germanisierung» sprach der Reichskanzler völlig offen und entwickelte einen Stufenplan zur Realisierung dieses Ziels. Zunächst sollte die bisherige Außenpolitik der Revision fortgeführt, danach die deutsche Großmachtstellung in Europa wiedergewonnen werden, begleitet vom «Aufbau der Wehrmacht», um dieses militärische Potential schließlich zur Durchführung einer rassenideologisch determinierten Lebensraumpolitik auch einzusetzen. Das Auswärtige Amt reagierte mit einer Denkschrift, die Staatssekretär Bülow im März 1933 verfasste und Neurath Anfang April im Reichskabinett vortrug, auf Hitlers Ausführungen. Auch die Denkschrift aus dem AA entwickelte einen Stufenplan, in dem einer ersten Phase des wirtschaftlichen, finanziellen und militärischen Wiedererstarkens Deutschlands eine zweite Phase territorialer Revisionen folgen sollte, einschließlich des «Anschlusses» Österreichs und des Erwerbs alter und neuer Kolonien. Was der AA-Spitze offensichtlich vorschwebte, war eine deutsche Machtposition, die der des Kaiserreichs vor 1914 entsprach. Man kann nun aus Bülows Denkschrift primär die Unterschiede herauslesen zu Hitlers Ausführungen von Anfang Februar, und in der Tat finden sich in der Denkschrift aus der Wilhelmstraße insbesondere keinerlei Hinweise auf eine Übernahme von Hitlers Lebensraum- und Germanisierungsvorstellungen. Wichtiger aber als die Unterschiede waren in der Anfangsphase der nationalsozialistischen Herrschaft die Gemeinsamkeiten der beiden Konzeptionen, und diese waren beträchtlich und erklären auch, warum Neurath, als er Bülows Überlegungen im Kabinett vorstellte, nicht auf Widerspruch stieß. Das für die Stabilisierung des NS-Regimes so wichtige nationalkonservativ-nationalsozialistische Bündnis beruhte auch auf außenpolitischer Übereinstimmung, die ihrerseits wiederum eine wichtige innenpolitische Bedeutung hatte. Der Konsens über die kurz- und mittelfristigen außenpolitischen Ziele ließ die Unterschiede der Endziele so weit in den Hintergrund treten, dass daraus kein Konflikt entstehen konnte. Die Teilidentität der Ziele reichte in den ersten Jahren seit 1933 völlig aus, um das Auswärtige Amt und sein Spitzenpersonal zur Unterstützung der nationalsozialistischen Außenpolitik zu motivieren.

Die prinzipielle Übereinstimmung im Hinblick auf eine forcierte Revisionspolitik schloss Spannungen zwischen dem Auswärtigen Amt und der Reichskanzlei oder unterschiedliche Positionen in Einzelfragen nicht aus. Die grundsätzliche «Gleichartigkeit und Gleichgerichtetheit» (Marie-Luise Recker) der außenpolitischen Zielsetzungen Hitlers und seiner nationalkonservativen Koalitionspartner wurde dadurch aber nicht in Frage gestellt. Das gilt beispielsweise für den deutsch-polnischen Nichtangriffspakt vom 26. Januar 1934, mit dem die Reichsregierung von dem antipolnischen Kurs abwich, für den das Auswärtige Amt stand und zu dem zugleich eine deutlich prosowjetische Politik gehörte, die noch im Mai 1933 in der Verlängerung des Berliner Vertrags mit der Sowjetunion ihren Ausdruck gefunden hatte. Doch der Dissens in der Polenpolitik war eine Ausnahme, nicht die Regel. Er führte jedoch im Juni 1934 zum Rücktritt des deutschen Botschafters in Moskau, Rudolf Nadolny, der die antisowjetische Politik scharf kritisierte und darüber sogar in eine direkte Auseinandersetzung mit Hitler geraten war. Eine prinzipielle Ablehnung des Nationalsozialismus stand aber – anders als 1933 bei Prittwitz – hinter der Demission des Moskauer Botschafters nicht. Der deutsch-polnische Vertrag machte allerdings deutlich, dass Hitler die Außenpolitik nicht allein seinem Außenminister oder dem Auswärtigen Amt überlassen wollte, sondern dass er immer stärker eigene Akzente zu setzen gedachte, um schließlich Kurs und Tempo zu bestimmen. Das betraf auch die Mittel und Methoden einer immer stärker militarisierten und immer aggressiveren Außenpolitik, die ihren vorläufigen Höhepunkt im März 1936 fand, als Deutschland die Locarno-Verträge brach und die Wehrmacht in das bis dahin entmilitarisierte Rheinland einmarschierte. Hatte das Auswärtige Amt, vor allem Staatssekretär Bülow, im Vorfeld vor den Risiken eines solchen Schrittes gewarnt, so konnte sich Hitler angesichts der weitgehenden Passivität der Westmächte, deren Reaktion sich auf Protestnoten beschränkte, in seinem Kurs bestätigt fühlen und einen großen außenpolitischen Erfolg für sich verbuchen. Das schwächte die Position des Auswärtigen Amts. Für Goebbels waren die Diplomaten «Angstmeier im Gewand des Warners», unfähig «zu jedem kühnen Entschluss».

Auch andere führende Nationalsozialisten und Hitler selbst äußerten sich immer wieder kritisch, ja abfällig über das Auswärtige Amt und seine Angehörigen. Die Diplomaten galten nicht nur als Bedenkenträger, sondern sie waren in den Augen der neuen Machthaber auch Repräsentanten einer aristokratisch geprägten Elite mit reaktionären Einstellungen, deren Zeit man für längst abgelaufen hielt. Solche Wahrnehmungen und solche Kritik blieben nicht ohne Wirkung auf viele einzelne Diplomaten, aber auch auf das Auswärtige Amt als Institution insgesamt. Die Sorge, marginalisiert und aus dem politischen Entscheidungszentrum verdrängt zu werden, verbunden mit der Angst vor individuellem wie institutionellem Status- und Prestigeverlust, verstärkte die Anpassungsbereitschaft und führte seit 1933 zu einer nicht nur nachvollziehenden, nationalsozialistischen Vorgaben folgenden, sondern auch zu einer immer wieder vorauseilenden und initiativ werdenden Kooperation mit dem Regime. «Dem Führer entgegen arbeiten»: Die Formulierung, die Ian Kershaw verwandt hat, um die Dynamik der Entstehung und Durchsetzung des Führerstaats zu erklären, lässt sich auch auf das Auswärtige Amt beziehen, das Hitlers Politik mittrug, umsetzte und sich ganz in ihren Dienst stellte, um die eigene Unentbehrlichkeit und Eigenständigkeit im nationalsozialistischen Herrschaftssystem unter Beweis zu stellen. Dabei half dem Amt allerdings auch die Tatsache, dass sich Hitler gerade in den ersten Jahren der Diktatur trotz aller Kritik auf die Kompetenz und Professionalität der Diplomaten angewiesen glaubte. Diese halfen nicht nur, die Außenpolitik des Dritten Reiches umzusetzen, sondern ihnen fiel auch die wichtige Funktion zu, die innere Entwicklung in Deutschland, die Errichtung und Stabilisierung der Diktatur, eine Politik der Gewalt, der Verfolgung und des Terrors, nach außen abzuschirmen und beschwichtigend zu wirken. Diese Aufgabe konnte nur das Auswärtige Amt mit seinem weltweiten Netz diplomatischer und konsularischer Vertretungen, aber auch mit der hohen Professionalität und Routine seiner Diplomaten leisten. So behauptete das Amt seine Position innerhalb des nationalsozialistischen Herrschaftsapparats, war aber gerade deshalb als Auswärtiges Amt des Dritten Reiches von Anfang an Teil des nationalsozialistischen Unrechtsregimes.

Für die Führung des AA und Außenminister Neurath wurde der Schulterschluss mit Hitler nach dem Tod Hindenburgs im August 1934 noch wichtiger. War bis dahin der Reichspräsident der wichtigste Protektor des Auswärtigen Amts und insbesondere des Außenministers in der Staatsspitze gewesen, so konzentrierte sich jetzt die gesamte politische Macht bei Hitler, der nun auch die Vollmachten des Staatsoberhaupts übernahm. Auch die Beamten des Auswärtigen Dienstes hatten einen neuen Eid zu leisten und dem «Führer» Treue und Gehorsam zu schwören. Bereits im Dezember 1933 war der «deutsche Gruß» die verpflichtende Grußform unter den Diplomaten geworden, und zum ersten Jahrestag der Machtübernahme veröffentlichte Außenminister Neurath in der *Berliner Börsen-Zeitung* einen Artikel, in dem er die politische Loyalität des Auswärtigen Amtes und seiner Angehörigen unterstrich. Das politische Instrument, welches das Amt darstelle, habe «in der Hand der neuen Staatsführung erfolgreich gearbeitet», hieß es dort. Und weiter: Die «geistige Gleichschaltung der Beamtenschaft des Auswärtigen Amts mit dem Nationalsozialismus» habe sich ohne Schwierigkeiten vollziehen können; sie sei dadurch erleichtert worden, dass das Amt von den Einflüssen des Weimarer Parteienstaates weitgehend frei geblieben sei. Das wirft nicht nur ein bezeichnendes Licht auf den Auswärtigen Dienst der Weimarer Republik und den begrenzten Erfolg der Schülerschen Reform, die ja auch auf Republikanisierung und Demokratisierung zielte und an deren Überwindung beziehungsweise Vereitelung Neurath selbst einen nicht unwesentlichen Anteil hatte, sondern es dokumentiert für das Auswärtige Amt die Selbstgleichschaltungsdynamik der Jahre 1933/34.

Man griffe zu kurz, würde man Äußerungen wie diejenigen Neuraths lediglich als Teil des Versuchs bewerten, dem Auswärtigen Amt eine herausgehobene Stellung im Institutionengefüge des Dritten Reichs zu sichern und es vor Kritik zu schützen. Der Zeitungsbeitrag des Außenministers verweist auch auf eine zumindest partielle politisch-ideologische Übereinstimmung zwischen dem Gros der diplomatischen Elite und dem Nationalsozialismus, die sich nicht auf außenpolitische Orientierungen und

Zielsetzungen wie insbesondere die Revision des Vertrags von Versailles und den machtpolitischen Wiederaufstieg Deutschlands beschränkte. Die Gemeinsamkeit war zunächst wie für nahezu alle Angehörigen der traditionellen Eliten des Deutschen Reiches eine negative Gemeinsamkeit, zentriert um die Ablehnung des liberaldemokratischen politischen Systems der Republik von Weimar. Dahinter standen Vorbehalte gegenüber Parlamentarismus, Pluralismus und Parteienstaatlichkeit, oftmals als Teil einer aus dem späten Kaiserreich und dem Ersten Weltkrieg stammenden und von den deutschen Eliten tief internalisierten prinzipiellen Gegensatzkonstruktion zwischen Deutschland und dem «Westen». Nicht wenige Diplomaten sahen in der nationalsozialistischen Machtübernahme im Januar 1933 den ersten Schritt hin zu einer autoritären Staatsform, ein «Projekt der nationalen Erneuerung und Einigung», wie es Reichspräsident Hindenburg nannte. Ernst v. Weizsäcker, 1933 deutscher Gesandter in Oslo, dessen Karriere sich nun rasant beschleunigte, bis er 1938 Staatssekretär in der Wilhelmstraße wurde, plädierte im Frühjahr 1933 dafür, dem Regime «alle Hilfe und Erfahrung angedeihen zu lassen und mit dafür zu sorgen, dass die jetzt einsetzende zweite Etappe der neuen Revolution eine ernsthaft konstruktive wird». Das war ebenso sehr gegen jene Kräfte innerhalb der nationalsozialistischen Bewegung gerichtet, die der «nationalen Revolution» nun die «sozialistische» folgen lassen wollten, wie gegen eine Rückkehr zu demokratischen Verhältnissen. Für Weizsäcker – und er stand mit seiner Bewertung nicht allein – war es eine «einfache Wahrheit», dass «dieses Regime nicht umschmeißen darf. Denn welches Negativ davon käme hinter ihm!» Für den ehemaligen Marineoffizier, seit 1920 im Auswärtigen Dienst, war das Kabinett Hitler anders als für Staatssekretär Bülow keine «schlechte Regierung»; für ihn war die Weimarer Demokratie das Schreckgespenst.

Den Weimarer Parteienstaat und den politischen Pluralismus, den er verkörperte, lehnten jene Diplomaten, die seit 1930 an die Spitze des Auswärtigen Amts gelangt waren und zu denen seit 1932 auch Neurath als Minister gehörte, vehement ab. Parteimitgliedschaften von Diplomaten wurden höchst skeptisch betrachtet, und noch im November 1932 hatte Neurath in einem Erlass die Angehörigen des Auswärtigen Dienstes zur Zurückhaltung in parteipolitischer Beziehung aufgefordert. Dieser Erlass wurde im Juni 1933 aufgehoben. Die innenpolitischen Voraussetzungen, so hieß es nun, die zu diesem Erlass geführt hätten, seien hinfällig. Jedem Beamten stehe es frei, in die NSDAP einzutreten. Die «nationale Erhebung» stelle auch an die Diplomaten erhöhte Anforderungen. Auch der Auslandsbeamte «muss sich zu dem neuen Deutschland bekennen und muss an dem Bau des neuen Staates mithelfen. Von jedem Auslandsbeamten ... wird erwartet, dass er sich nach diesen Grundsätzen selbst geprüft hat, denn ohne innere Übereinstimmung mit den Motiven und Zielen der jetzigen Regierung würde er nicht imstande sein, als Vertreter der Heimat zu gelten.»

Zu den Motiven der nationalsozialistischen Regierung gehörte auch ihr Antisemitismus, zu ihren Zielen die Diskriminierung und Verfolgung der deutschen Juden. Das war im Juni 1933, als der Außenminister seinen Erlass verkündete, für jedermann klar zu erkennen. Unmittelbar nach dem 30. Januar 1933 hatte nicht nur der Terror gegen die politischen Gegner des Nationalsozialismus eingesetzt, sondern auch die Gewalt gegen die jüdische Bevölkerung, die von einer nunmehr staatlichen antisemitischen Propaganda immer weiter angestachelt und von Regierung und Polizeiapparat geduldet, ja gedeckt wurde. Im Ausland wurde die Gewalt gegen Juden aufmerksam und besorgt registriert. Ausländische Medien berichteten darüber, aber auch erste jüdische Emigranten trugen zu einer alarmierten Stimmung bei. Durch die Berichte deutscher Diplomaten wiederum gelangten Informationen über die Reaktionen im Ausland zurück nach Deutschland und ins Auswärtige Amt. Ohne dass dies so beabsichtigt gewesen wäre, spielten beispielsweise die Berichte deutscher Diplomaten in den USA über eine entstehende amerikanische Boykottbewegung gegen deutsche Waren und Handelsgüter eine wichtige Rolle für den offiziell ausgerufenen und unterstützten Boykott jüdischer Geschäfte in Deutschland am 1. April 1933. Dieser sollte zum einen die antisemitische Gewaltbereitschaft insbesondere der SA kanalisieren, zum anderen aber auch in Richtung Ausland die Führungsstärke und Führungsfähigkeit der nationalsozialistischen Regierung demonstrieren und unmissverständlich, gleichsam mit den deutschen Juden als Geiseln, vor den Folgen ausländischer Boykottmaßnahmen warnen. Doch die Unruhe im Ausland ging nicht zurück, eher verstärkte sie sich noch, und immer eindringlicher warnten die deutschen Vertreter vor den Folgen für den Ruf Deutschlands. Zugleich bemühten sie sich um Schadensbegrenzung, wiegelten ab und beschwichtigten und traten für die nationalsozialistische Regierung und ihre Politik ein. Das blieb nicht ohne Wirkung, trug zumindest in Ansätzen zur Beruhigung der Situation bei, gerade auch weil die deutschen Diplomaten im Ausland weithin eine hohe Reputation besaßen. Doch deutlich wurde so auch: Das Auswärtige Amt war nun das Auswärtige Amt des Dritten Reiches, dessen Politik, dessen Gewalt- und Unrechtspraxis die deutschen Diplomaten nach außen vertraten. Zwar berichteten sie weiter über das immer schlechter werdende Deutschlandbild, ja über eine wachsende Deutschfeindlichkeit, aber die meisten Berichte offenbarten eine «beschämende Gleichgültigkeit» (Hermann Graml) und enthielten sich jeder moralischen Wertung oder Distanzierung.

Nicht wenige Diplomaten – wie andere Repräsentanten der traditionellen deutschen Führungsschichten – sympathisierten mit der antisemitischen Politik der Nationalsozialisten. Der Außenminister selbst gehörte zu dieser Gruppe. Auch Ernst v. Weizsäcker kommentierte die ausländischen Reaktionen auf die deutsche Politik nüchtern: «Die anti-jüdische Aktion zu begreifen, fällt dem Ausland besonders schwer, denn es hat diese Judenüberschwemmung eben nicht am eigenen Leibe verspürt.» Rechtfertigend versuchte man, das Ausland von der Existenz eines «Judenproblems» in Deutschland zu überzeugen und damit Verständnis für die nationalsozialistischen Terror- und Verfolgungsmaßnahmen zu wecken. In der Berliner Amtszentrale wurde am 20. März 1933 das Referat «Deutschland» wieder eingerichtet und außerhalb der Abteilungsstrukturen direkt dem Staatssekretär unterstellt. Ein solches Referat hatte es in der Wilhelmstraße schon zwischen 1919 und 1931 gegeben; es war für Angelegenheiten der inneren Politik, des Reichstags und des Reichsrats und damit für die Wechselwirkungen von Innen- und Außenpolitik zuständig gewesen. Nun wurde das Aufgabengebiet den neuen Erfordernissen angepasst und umfasste nicht nur die «Beobachtung für die Außenpolitik wichtiger innenpolitischer Vorgänge», sondern auch die «Judenfrage». Bereits eine Woche vor der Wiedergründung des Referats hatte Staatssekretär Bülow die Weisung erteilt, statistisches Material zum überproportionalen «Vordringen der Juden» im öffentlichen Leben Deutschlands zu sammeln. Hier fand das neue Referat seine erste Aufgabe, die sogleich zu intensiven Kontakten mit dem Innen- und dem Propagandaministerium führte.

Zum Leiter des Deutschlandreferats berief Neurath einen entfernten Verwandten seines Staatssekretärs, den Gauführer des «Stahlhelm» Vicco v. Bülow-Schwante. Der Minister, den mit dem ehemaligen Weltkriegsoffizier ein freundschaftliches Verhältnis verband, hatte Bülow-Schwante ursprünglich sogar die Leitung der AA-Personalabteilung übertragen wollen, dabei aber die Rechnung ohne seinen Staatssekretär gemacht, der es trotz der Verwandtschaft ablehnte, einen Außenseiter lediglich aus rein politischen Gründen zum Leiter einer der wichtigsten Abteilungen des Amts zu machen. Bezeichnenderweise fühlte sich Bülow angesichts der Absicht Neuraths an die «marxistischen» Jahre nach dem Ersten Weltkrieg erinnert, die Jahre der Schülerschen Reform, in der sich das Auswärtige Amt für Außenseiter und Quereinsteiger geöffnet hatte, darunter auch einige Sozialdemokraten, die in den Augen vieler kaiserlicher Diplomaten die soziale und politische Homogenität des Auswärtigen Dienstes bedrohten. Diese Gefahr erkannte Bülow nun wieder, und mit dem Argument, es gehe darum, eine «Politisierung» des Dienstes zu verhindern, versuchte er, sie zu bannen. Bis zu seinem Tod deckte auch Hindenburg, der auf seiner Verfassungsprärogative bestand, die Personalautonomie der Wilhelmstraße, auch wenn er einigen Weltkriegsoffizieren den Weg in den diplomatischen Dienst ebnete. Das Beharren auf dieser Autonomie beförderte freilich wiederum die Selbstgleichschaltung des Amtes, dessen Beamte gleichsam unter Beweis stellen mussten, dass die Einstellung nationalsozialistischer oder dem Regime nahe stehender Männer gar nicht notwendig war. Das Amt würde sich auch so als politisch zuverlässig erweisen. Gleichwohl gelangten außer Bülow-Schwante nach dem 30. Januar 1933 einige wenige Außenseiter in die Wilhelmstraße, nicht selten protegiert vom Außenminister selbst und akzeptiert von der Amtsspitze, die sich dem Transformationsdruck nicht völlig entziehen konnte und zumindest ein gewisses Maß an Aufnahmebereitschaft demonstrieren musste.

Der Versuch, die personalpolitische Autonomie zu wahren, das Amt vor nationalsozialistischem Personal abzuschirmen und die Geschlossenheit des diplomatischen Dienstes so weit wie irgend möglich zu erhalten, hatte allerdings Grenzen. Nicht über alle Diplomaten hielt die Spitze des Ministeriums ihre schützende Hand. Eine Reihe führender Angehöriger des Auswärtigen Dienstes, die zum Teil exponierte Positionen im Ausland innehatten, wurde noch 1933 aus dem Dienst entlassen. Ein fadenscheiniger Grund, angeblich despektierliche Äußerungen über den Nationalsozialismus beispielsweise, fand sich dafür immer, doch dahinter stand oft genug die schlichte Tatsache, dass es sich um jüdische Beamte handelte oder um Diplomaten, die dem republikanischen Lager zuzurechnen waren. Zu ihnen gehörten der sozialdemokratische Gesandte in Mexiko Walter Zechlin und der jüdische Gesandtschaftsrat Hans Riesser in Paris. Der politisch missliebige Diplomat wurde 1933 zunächst in den Wartestand, 1934 unter Hinweis auf das «Gesetz zur Wiederherstellung des Berufsbeamtentums» in den Ruhestand versetzt. Insgesamt jedoch blieb die Zahl der Beamten des höheren Dienstes, die infolge des antisemitischen Gesetzes vom April 1933 entlassen wurden, überschaubar, denn groß war die Zahl jüdischer Beamten im AA ohnehin nicht. Andere Diplomaten wie der seit 1919 als Gesandter in Bern eingesetzte Adolf Müller, ebenfalls SPD-Mitglied und Jude, die aus Altersgründen ihren Posten räumten, wurden durch politisch zuverlässigere Amtsangehörige, zum Teil auch durch Quereinsteiger ersetzt, im Fall der Berner Gesandtschaft durch Ernst v. Weizsäcker, der zuvor auch interimistisch die AA-Personalabteilung geleitet hatte. So kam es in der Frühphase des Dritten Reiches zu einer eher restaurativen Entwicklung in der Personalpolitik der Wilhelmstraße, mit der sich letztlich eine Tendenz fortsetzte, die schon 1930 nach dem Tod Stresemanns und der Kaltstellung Schuberts begonnen hatte, sich nun aber nochmals dynamisierte. Diese Entwicklung speiste sich aus dem Interesse der Amtsleitung an politischer und sozialer Homogenisierung, doch zugleich sollte sie die politische Zuverlässigkeit des diplomatischen Dienstes demonstrativ stärken und sowohl den personalpolitischen Einfluss der NSDAP auf das Amt als auch die konkurrierenden Partizipationsansprüche außenpolitisch aktiver NS-Organisationen zurückdrängen. Weil das Amt jedoch seinen außenpolitischen Kurs vertrat und im Falle punktueller Konflikte keinen nennenswerten Widerstand bot, sah Hitler keinen Anlass für ein umfassendes personelles Revirement. Der politische Nutzen einer professionellen, erfahrenen und routinierten Diplomatenschaft, gerade auch im Auslandseinsatz, überwog das – geringe – Risiko abweichender Positionen bei weitem. Das änderte nichts daran, dass 1935 infolge der «Nürnberger Gesetze» noch einmal einige Beamte jüdischer Herkunft, unter ihnen Richard Meyer, der langjährige Leiter der Ostabteilung, und Gerhard Köpke, zwischen 1923 und 1935 Leiter der Abteilung II (West- und Südosteuropa), der immer wieder auch den Staatssekretär vertreten hatte, den Dienst verlassen mussten.

Zum Zeitpunkt der nationalsozialistischen Machtübernahme lag der Gesamtpersonalbestand des Auswärtigen Dienstes bei 2232 Personen, 426 davon waren in der Berliner Zentrale eingesetzt, der Rest im Ausland. Dem höheren Dienst gehörten 1933 436 Personen an, von denen wiederum 83 in der Wilhelmstraße tätig waren. Das Deutsche Reich unterhielt 1933 neun Botschaften, 22 Gesandtschaften I. Klasse, 19 Gesandtschaften, 17 Generalkonsulate I. Klasse, 16 Generalkonsulate und 76 Konsulate I. Klasse beziehungsweise Konsulate. In den Jahren seit 1933 wuchs der AA-Personalbestand kontinuierlich, 1938 lag er bereits bei 2665 Personen, also um rund 400 höher als 1933. Die Zahl der Diplomaten im höheren Dienst wuchs im gleichen Zeitraum um 114 auf 550. Dahinter standen zum einen die Ausdifferenzierung von Aufgabenfeldern sowie die Aufwertung einer Reihe von Gesandtschaften zu Botschaften (so in Warschau, Brüssel, Santiago, Buenos Aires und Rio de Janeiro); zum anderen aber machte sich auch die Tatsache bemerkbar, dass 1937 Wilhelm Bohle, der Chef der nationalsozialistischen Auslandsorganisation (AO), mit einem Arbeitsstab ins Auswärtige Amt berufen wurde, ab Dezember 1937 als zusätzlicher Staatssekretär. Richtet man den Blick nur auf die Spitzengruppe des Auswärtigen Dienstes, also die Auslandsbeamten vom Gesandten I. Klasse an aufwärts und die Leitungsebene der Berliner Zentrale (Minister, Staatssekretär und die sechs Ministerialdirektoren, die eine Abteilung leiteten), so war 1933 mehr als die Hälfte dieser Gruppe von insgesamt 40 Männern adelig, ihr Durchschnittalter lag bei 56 Jahren, und 75 Prozent von ihnen waren bereits in den Auswärtigen Dienst des Kaiserreichs eingetreten. Sechs Jahre später, bei Kriegsbeginn, umfasste die Leitungsebene 49 Personen, von denen 41 bereits vor 1933 in den Auswärtigen Dienst eingetreten waren und noch immer 23 in der Zeit des Kaiserreichs. Gerade auf dieser Ebene war also die Fluktuation – trotz des Ministerwechsels von Neurath zu Ribbentrop 1938 – vergleichsweise gering. Allerdings war bis Ende 1937 bereits mehr als die Hälfte der Spitzengruppe der NSDAP beigetreten, und mit der Ernennung von Edmund Freiherr v. Thermann zum Botschafter in Argentinien stieg 1936 der erste SS-Angehörige in diese Gruppe auf.

Im höheren Dienst insgesamt gehörten vor dem 30. Januar 1933 zehn Beamte der NSDAP an, im Laufe des Jahres 1933 erhöhte sich die Zahl der Parteigenossen auf etwa 60. Eine ganze Reihe jüngerer Diplomaten, die in den Weimarer Jahren in den Dienst gekommen waren, trat nun, nachdem der Minister im Juni 1933 erklärt hatte, jedem Beamten stehe es frei, NSDAP-Mitglied zu werden, der Partei bei. Zum Schluss der Amtszeit Neuraths Ende 1937 gehörten etwa 200 Diplomaten des höheren Dienstes der NSDAP oder einer ihrer Unterorganisationen an, darunter auch, so die Berechnungen von Hans-Jürgen Döscher, mindestens 50 der SS oder dem Sicherheitsdienst der SS (SD). Der Anteil der nationalsozialistischen Parteigenossen nahm nach 1933 auch deshalb zu, weil sich immer mehr Kandidaten mit Parteihintergrund für den Auswärtigen Dienst bewarben. Gehörten von den 112 Bewerbern des Jahres 1934 noch sieben der NSDAP an, so waren es ein Jahr später von 108 Bewerbern schon 54, also genau die Hälfte. In den Bewerbungs- und Auswahlverfahren wurde die Parteimitgliedschaft nicht nur zur Kenntnis genommen, sondern sie wirkte sich positiv aus. Im Attachéjahrgang 1937, der aus 23 Personen bestand, gab es nur noch einen Nachwuchsdiplomaten, der weder der Partei noch der SA oder der SS angehörte. In den Attachéjahrgängen stieg der Anteil der Mitglieder oder Anwärter von SA oder SS von 19 Prozent (1935) über 35 Prozent (1937) auf 60 Prozent (1939). Zumindest auf längere Sicht schien also die Durchdringung des Auswärtigen Dienstes mit SA- und SS-Angehörigen garantiert.

Schon vor der Übernahme des Ministeramts durch Ribbentrop 1938 hatte sich nicht nur die Nachwuchsrekrutierung, sondern auch die Diplomatenausbildung, insbesondere für den höheren Dienst, zu verändern begonnen. Dabei wurden Entwicklungen fortgesetzt und intensiviert, die schon Ende der Weimarer Republik begonnen hatten und die Schülersche Reform auch auf dem Feld der Ausbildung wieder umkehrten. Wirtschaftliche Kompetenzen beispielsweise verloren deutlich an Gewicht. Dafür gehörte 1937 eine Reise nach Oberbayern zum Attachélehrgang mit einem Empfang durch Hitler auf dem Obersalzberg als Höhepunkt. Besuche in NS-Führerschulen schlossen sich an, aber auch die Besichtigung einer psychiatrischen Anstalt und des Konzentrationslagers Dachau. War das ein Hinweis auf die neuen Aufgaben deutscher Diplomaten? Auch wenn vor dem Krieg – die letzten Attachés begannen 1938 ihren Vorbereitungsdienst, danach wurden die Nachwuchslehrgänge eingestellt – nicht alle nationalsozialistischen Forderungen im Hinblick auf die Diplomatenausbildung umgesetzt wurden – rassenbiologisch selektierte, ideologisch geschulte und militärisch ausgebildete Diplomaten «neuen Typs» sollten herangezogen werden, wie es eine Denkschrift aus dem AA kurz nach dem Ministerwechsel 1938 formulierte –, so war doch klar, dass der diplomatische Dienst sukzessive aus seinen Traditionen, die auch die Personalauswahl und -ausbildung bestimmt hatten, gelöst werden sollte. Rekrutiert werden sollte der Nachwuchs aus den Führerschulen des Reiches, den Ordensburgen, SS-Junkerschulen und Napolas, und nationalsozialistische Eigenschaften sollten den «neuen Diplomaten» auszeichnen: Willensstärke, Charakterfestigkeit und diplomatisches Geschick, was immer das auch meinen mochte. Die Ausbildung selbst, in der Sport und militärischer Erziehung eine wichtige Rolle zukam, sollte in einer eigenen Ausbildungsstätte des Amts, einem «Nachwuchshaus», stattfinden, dessen Architektur «Straffheit und soldatische Strenge» zum Ausdruck bringen sollte und das dementsprechend einer Kaserne glich. Im Berliner Tiergarten gelegen, wurde für das «Nachwuchshaus» 1939 noch Richtfest gefeiert, bevor der Krieg die Fertigstellung verhinderte.

In der Reform der Diplomatenausbildung spiegelte sich die Vorstellung einer «kämpfenden Verwaltung», die zu den Kernelementen nationalsozialistischer Beamtenpolitik gehörte. Beamte wurden als «politische Kämpfer» betrachtet, deren rassenbiologische Eignung und ideologische Überzeugung wichtiger waren als fachliche Qualifikationen. Nur mit einem solchen Personal könne aus einer «öden Außenverwaltung» wieder eine «wirklich aktive Außenpolitik» werden, wie es schon vor 1933 nationalsozialistische Kritiker des Auswärtigen Dienstes gefordert hatten. Mindestens ebenso wichtig wie die Veränderung des Berufsbilds des Diplomaten war aber, dass der Diplomat «neuen Typs» sich von seinen Eigenschaften, seinen Qualifikationen und seiner Ausbildung her kaum noch von Beamten in anderen Bereichen der Verwaltung, aber auch von den Funktionären der Partei und den Angehörigen des von der SS kontrollierten und sich ständig ausweitenden Sicherheitsapparats unterschied. Unter der Idee eines «politischen Soldatentums» wurden die Übergänge zwischen diesen Feldern fließend, das spezifische Qualifikations- und Tätigkeitsprofil des diplomatischen Dienstes erodierte zunehmend und mit ihm der berühmte Korpsgeist des Auswärtigen Dienstes. Auch wenn der Krieg die Bildung einer einheitlichen «Weltanschauungsbürokratie» (Michael Wildt) letztlich verhinderte, war die Entwicklung dahin doch in Gang gekommen, und sie trug dazu bei, dass insbesondere nach Kriegsbeginn 1939 deutsche Diplomaten Hand in Hand mit Angehörigen des Reichssicherheitshauptamts an der Verfolgung und Ermordung der europäischen Juden mitwirken konnten.

Die Kooperation mit SS und Gestapo hatte freilich schon früher begonnen. Seit 1933 gab es zwischen dem Auswärtigen Amt und der Gestapo einen permanenten Informationsaustausch über die Tätigkeit deutscher Emigranten im Ausland, die «Hetze seitens deutscher Emigranten», wie die deutschen Behörden es nannten. Mit seinem weltweiten Netz von Auslandsvertretungen war das Auswärtige Amt besser als jede andere staatliche oder Parteiinstitution geeignet, solche Informationen zu sammeln und dem Sicherheitsapparat zur Verfügung zu stellen. Das lief auf eine Überwachung der internationalen Emigrantenszene hinaus, teilweise sogar in Gestalt einer regelrechten, von der AA-Zentrale und einzelnen Vertretungen mitorganisierten Spitzeltätigkeit. Die Berichte der Auslandsvertretungen über den Komponisten Hanns Eisler, die Schriftsteller Stefan Heym und Emil Ludwig oder den jungen Sozialisten Herbert Frahm (Willy Brandt) und viele andere liefen im «Referat Deutschland» der Wilhelmstraße zusammen, wurden dort ausgewertet und gelangten dann in die Gestapo-Zentrale. Eine direkte Informationsweitergabe von den deutschen Missionen im Ausland an die politische Polizei in Deutschland lehnte das Auswärtige Amt ab. Dahinter standen nicht nur bürokratische Usancen, sondern auch strategische Überlegungen im Hinblick auf die Bedeutung des Amtes im nationalsozialistischen Machtapparat, auf seinen Autonomieanspruch, die alleinige Zuständigkeit für alle Auswärtigen Angelegenheiten und – erneut – die Demonstration der eigenen Unentbehrlichkeit. In der Ausbürgerungspraxis des Regimes setzte sich die enge Kooperation zwischen Auswärtigem Amt und den inneren Behörden fort. Zwar kam es punktuell, beispielsweise im Falle Albert Einsteins, zu Konflikten zwischen Amt und Innenministerium, weil, so die Wilhelmstraße, die Ausbürgerung des Nobelpreisträgers negative Reaktionen im Ausland zur Folge haben würde. Aber mit der Ausbürgerungspraxis insgesamt und ihrer Begründung – Schädigung der deutschen Belange durch staatsfeindliche Tätigkeit im Ausland – zeigte man sich in der Wilhelmstraße einverstanden, und so wirkte das Amt nicht zuletzt an der Entziehung der Staatsbürgerschaft zahlreicher prominenter sozialdemokratischer und kommunistischer Politiker mit. Auch im Fall Thomas Manns zögerte das Auswärtige Amt wegen der erwarteten Reaktionen im Ausland die Ausbürgerung zunächst hinaus. Als der in der Schweiz lebende Schriftsteller aber in seiner Kritik am nationalsozialistischen Regime nicht nachließ, hatte Ernst v. Weizsäcker, der deutsche Gesandte in Bern, «keine Bedenken» mehr gegen eine Einleitung des Ausbürgerungsverfahrens.

Hinter der reibungslosen Kooperation mit den Innen- und Sicherheitsbehörden, die seit 1933 die nationalsozialistische Gewaltpolitik administrierten, standen politische Grundübereinstimmungen bei einzelnen Amtsangehörigen, aber auch institutionelle Motive und Erwägungen. Das Amt wollte nicht nur seine Unentbehrlichkeit unter Beweis stellen, sondern die Behörde und ihre Leitungsebene wollten auch die politische Zuverlässigkeit des Auswärtigen Diensts demonstrieren, seine Angehörigen dadurch gegen Kritik immunisieren und die Wilhelmstraße vor konkurrierenden Ansprüchen anderer Organisationen schützen. Ohne diese Konkurrenzsituation sind die Dynamik der Selbstgleichschaltung des Auswärtigen Amts sowie das Ausmaß an vorauseilender Kooperation und Initiative nicht zu verstehen. Die wichtigsten nationalsozialistischen Organisationen, die mit Fragen der Außenpolitik befasst waren, auf diesem Feld Gestaltungs–, zumindest aber Mitgestaltungsansprüche anmeldeten und die daher vom Auswärtigen Amt als Konkurrenten wahrgenommen wurden, waren das Außenpolitische Amt (APA) der NSDAP, die Auslandsorganisation (AO) der NSDAP und die «Dienststelle Ribbentrop». Dazu traten auch einzelne Personen mit außenpolitischen Ambitionen wie Hermann Göring und Reichswirtschaftsminister Hjalmar Schacht.

Das Außenpolitische Amt der NSDAP (APA) wurde von Hitler kurz nach der Machtübernahme errichtet, mit seiner Leitung beauftragte er im April 1933 Alfred Rosenberg, der vor 1933 als designierter nationalsozialistischer Außenminister gegolten hatte. Entsprechend groß waren die Ambitionen des «Chefideologen» der Partei, der sich diesen Ruf durch sein 1930 publiziertes Buch «Der Mythus des 20. Jahrhunderts» sowie durch einen extremen Antisemitismus und dessen Verschmelzung mit dem Antibolschewismus erworben hatte. Doch finanziell schlecht ausgestattet und personell dünn besetzt, konnte sich Rosenbergs Amt als außenpolitisch einflussreiche Institution nicht etablieren. Rosenbergs diplomatisches Unvermögen und seine außenpolitische Inkompetenz trugen dazu bei. Immerhin eröffnete das APA 1935 ein «Schulungshaus», in dem auch diplomatischer Nachwuchs ausgebildet und für die Attachéprüfung vorbereitet werden sollte. Das «Nachwuchshaus» des AA, mit dessen Planung 1938 begonnen wurde, ließ, obwohl es seine Arbeit nie aufnahm, diese Absicht ins Leere laufen. Ab 1935 reduzierte das Außenpolitische Amt seine Aktivitäten immer stärker auf den Bereich der Auswärtigen Kulturpolitik.

Im Ausland kam es seit 1933 immer wieder zu Spannungen zwischen Angehörigen des Auswärtigen Dienstes und Mitgliedern der nationalsozialistischen Auslandsorganisation (AO), die in mehreren Stufen seit 1931 entstanden war und die Angehörigen der NSDAP im Ausland zusammenfasste. Mit der Leitung der Organisation wurde 1933 der in England geborene und in Südafrika aufgewachsene Ernst Wilhelm Bohle beauftragt, der der NSDAP 1931 beigetreten war. Sein Hauptziel war es, die im Ausland lebenden Deutschen für die nationalsozialistische Politik zu mobilisieren, denn das Auswärtige Amt, so Bohle in einer Denkschrift von Ende 1933, biete «keine Gewähr» dafür, dass Deutschland im Ausland «kraftvoll und positiv im nationalsozialistischen Sinne vertreten» werde. Solche Signale, mit denen Bohle, der 1934 den Rang eines Gauleiters erhielt, einem von ihm geleiteten Ministerium für das Auslandsdeutschtum den Weg bereiten wollte, wurden in der Wilhelmstraße aufmerksam registriert, zumal sie sich an vielen Orten mit Konflikten, häufig protokollarischer Natur, zwischen Diplomaten des AA und Parteivertretern verbanden. Eine Regelung, die dem «Hoheitsträger der NSDAP» einen protokollarischen Rang «unmittelbar hinter dem Missionschef» zugestand, hatte zwar lediglich Kompromisscharakter und räumte den Diplomaten den Primat ein, zeigte aber zugleich deutlich, wie staatliche Institutionen und Parteiorganisationen auch in der Auswärtigen Politik zu verschmelzen begannen. Dieser Prozess fand seinen Ausdruck in der am 30. Januar 1937 durch Hitler vorgenommenen Berufung Bohles ins Auswärtige Amt. Als Chef der Auslandsorganisation im Auswärtigen Amt war der unmittelbar dem Außenminister unterstellte Bohle zuständig für die einheitliche Betreuung der Reichsdeutschen im Ausland. Wenige Monate später, Ende 1937, stieg Bohle zum zweiten Staatssekretär in der Wilhelmstraße auf. Vor allem personalpolitisch versuchte er, Einfluss auf die Entwicklung des Auswärtigen Dienstes zu nehmen, indem er sich einerseits bemühte, AO-Angehörige durch Protektion in den diplomatischen Dienst zu bringen, indem es ihm andererseits aber auch gelang, auf die Beförderung von Diplomaten einzuwirken. Ohne Bohles Zustimmung, der damit ein Einspruchsrecht erhielt, waren Beförderungen nicht mehr möglich. So skeptisch man in der Wilhelmstraße den wachsenden Einfluss Bohles und der AO betrachtete, so sehr hatte Außenminister Neurath selbst die Integration Bohles in das Auswärtige Amt betrieben. Was die Führungsspitze des Amts und den Chef der AO verband, war das Bestreben, den Aufstieg eines weiteren, hoch ambitionierten außenpolitischen Akteurs zu verhindern: Joachim v. Ribbentrop.

Ribbentrop stand an der Spitze der dritten außenpolitisch aktiven Organisation der NSDAP. 1893 geboren, hatte der sich weltläufig gebende und gesellschaftlich gut vernetzte Spirituosengroßhändler 1932 Bekanntschaft mit Hitler gemacht und sich diesem sogleich als außenpolitischer Experte angedient. Auch wenn er nicht sofort 1933 zum Außenminister oder wenigstens zum AA-Staatssekretär aufstieg, wie er sich das erhofft hatte, wurde Ribbentrop durch seinen direkten Draht zu Hitler nach der Machtübernahme zu einer wichtigen außenpolitischen Größe, mit der man in der Wilhelmstraße zu rechnen hatte. Um den außenpolitischen Dominanzanspruch des Auswärtigen Amts zu unterstreichen und gleichzeitig Ribbentrop zu disziplinieren, wurde dieser auf Drängen Neuraths nach seiner Ernennung zum «Beauftragten der Reichsregierung für Abrüstungsfragen» dem Außenminister unterstellt. Schräg gegenüber dem Auswärtigen Amt bezog er ein Büro in der Wilhelmstraße 64, das als «Dienststelle» auch personell zu wachsen begann, nachdem Ribbentrop 1935 zum «Außerordentlichen und Bevollmächtigten Botschafter des Deutschen Reiches» aufgestiegen war. 1936 hatte die «Dienststelle» 150 Mitarbeiter, und der Einfluss Ribbentrops hatte sich vergrößert, nachdem er im Vorjahr erfolgreich das deutsch-britische Flottenabkommen eingefädelt hatte, das bei Hitler zu enthusiastischen Reaktionen führte. In der Wilhelmstraße indes begegnete man Ribbentrop mit Ablehnung. Neurath erblickte in ihm zu Recht weiterhin einen gefährlichen Konkurrenten um sein Ministeramt, und als 1936 der Posten des Londoner Botschafters vakant wurde, da wurde Ribbentrop auch deswegen an die Themse entsandt, weil man ihn so auf Distanz halten zu können glaubte und überdies davon ausging, auf dem schwierigen Posten werde sich alsbald seine Unfähigkeit erweisen.

Die Entsendung Ribbentrops nach England war nicht die einzige wichtige Personalveränderung im Auswärtigen Dienst 1936. Durch den Tod der Botschafter Köster (Paris) und Hoesch (London) sowie von Staatssekretär Bülow wurden nahezu gleichzeitig drei diplomatische Spitzenposten frei, die ein großes personelles Revirement mit sich brachten. Mindestens so wichtig wie die Wechsel im Personalbereich waren die grundlegenden organisatorischen Veränderungen, die am 15. Mai 1936, also noch vor dem Tod Bülows, in Kraft traten und durch die letztlich die Organisationsstruktur des kaiserlichen Amts wiederhergestellt und das 1920 etablierte Regionalsystem durch das alte Realsystem abgelöst wurde. Nationalsozialistische Zielsetzungen oder ein Einwirken der NS-Führung wird man darin nicht erkennen können, vielmehr einen Beleg dafür, dass seit 1930 auf der Führungsebene des Amtes die traditionellen Kräfte, insbesondere repräsentiert durch Neurath und Bülow, die Oberhand gewonnen und ihre Dominanz in den Jahren danach so gefestigt hatten, dass sie darangehen konnten, auch dieses zentrale Element der Schülerschen Reform rückgängig zu machen. Das Amt bestand nun aus sieben großen Abteilungen (Personal- und Verwaltungsabteilung, Politische Abteilung, Handelspolitische Abteilung, Rechtsabteilung, Kulturpolitische Abteilung, Abteilung Protokoll und Presseabteilung, hinzu trat das Referat D (Innerdeutsche Angelegenheiten)). Hans-Heinrich Dieckhoff, vordem Leiter der Abteilung III (Britisches Reich, Amerika, Orient), der eigentlich für die Führung der neuen Politischen Abteilung vorgesehen war, übernahm nach Bülows Tod interimistisch die Geschäfte des Staatssekretärs. In der Politischen Abteilung wurde er durch Ernst v. Weizsäcker vertreten, der im Jahr darauf zum Ministerialdirektor ernannt wurde und die Leitung dieser wichtigsten AA-Abteilung fest übernahm. Dieckhoff wiederum ging als Botschafter nach Washington, nachdem Hans Georg v. Mackensen, Sohn des Feldmarschalls, Schwiegersohn Neuraths und zuletzt deutscher Gesandter in Ungarn, im März 1937 in einem steilen, fachlich kaum zu rechtfertigenden Aufstieg auf den Posten des Staatssekretärs berufen worden war.

Noch im Lauf des Jahres 1937 traten der Minister und sein Staatssekretär in die SS ein, der auch Staatssekretär Bohle schon seit 1936 angehörte. Neurath erhielt den Rang eines SS-Gruppenführers (Generalleutnant), Mackensen den eines SS-Oberführers (angesiedelt zwischen Oberst und General). Wie allen Gruppenführern nahm Heinrich Himmler, der Reichsführer-SS, auch dem Außenminister persönlich seinen Treueid ab. Daraus entstand zwar kein unmittelbar dienstlich wirksames Unterordnungsverhältnis, wohl aber ein Bindungs- und Loyalitätsverhältnis, das – und so war es auch intendiert – den Einfluss der SS auf das Auswärtige Amt erhöhen konnte. Deshalb war es das klar erkennbare Bestreben Himmlers, möglichst viele Spitzendiplomaten zu SS-Männern zu machen – und zugleich in eher langfristiger Perspektive den Anteil von SS-Angehörigen unter den Nachwuchsdiplomaten zu erhöhen. Auch Ernst v. Weizsäcker trat kurz vor seiner Ernennung zum AA-Staatssekretär im Frühjahr 1938 in die SS ein und erhielt den Rang eines Oberführers. Sein SS-Eintritt war ein sichtbares Signal politisch-ideologischer Konformität, das auch den Zweck erfüllte, der nie völlig verstummenden Kritik an den Karrierediplomaten der Wilhelmstraße zu begegnen. Der SS-Beitritt von Minister und Staatssekretär, der beiden Leitfiguren des Ministeriums, wirkte darüber hinaus orientierend für die Angehörigen des diplomatischen Dienstes und werbend für die SS.

Neuraths SS-Eintritt konnte seinen Sturz und die Ernennung seines Widersachers Ribbentrop zum Reichsaußenminister wenige Monate später nicht verhindern. Auslöser waren die Bedenken des Ministers, die dieser gemeinsam mit Reichskriegsminister Werner v. Blomberg und dem Oberbefehlshaber des Heeres Werner Freiherr v. Fritsch in einer Führerbesprechung am 5. November 1937 erhob, in der Hitler seinen Kriegskurs erläuterte und seinen Entschluss unterstrich, «spätestens bis 1943/45 die deutsche Raumfrage zu lösen». Nicht die Gewaltpolitik Hitlers als solche löste den Widerspruch der drei Repräsentanten der traditionellen, nationalkonservativen Eliten aus, sondern die sich aus ihr ergebende Gefahr eines «großen Krieges», einer bewaffneten Auseinandersetzung mit Großbritannien und Frankreich nach dem Muster des Ersten Weltkriegs. Um seine Kriegspolitik ins Werk zu setzen, brauchte Hitler die uneingeschränkte persönliche Kontrolle sowohl über die Wehrmacht als auch über das Auswärtige Amt. Den Oberbefehl über die Wehrmacht übernahm der Reichskanzler selbst, mit Blick auf das Auswärtige Amt erfüllte die Ernennung Ribbentrops am 4. Februar 1938 den gleichen Zweck. Neurath wurde Minister ohne Portefeuille und Leiter des neu geschaffenen «Geheimen Kabinettsrats», eines Gremiums, das kein einziges Mal zusammentrat, nach der Besetzung Tschechiens durch deutsche Truppen im Frühjahr 1939 zusätzlich «Reichsprotektor in Böhmen und Mähren».

Es blieb allerdings nicht bei dieser Veränderung an der Spitze des Amtes. Bereits Mitte Januar 1938 war Ulrich v. Hassell, der deutsche Botschafter in Rom, beurlaubt worden, nachdem er mehrfach mit Ribbentrop, aber auch anderen NS-Repräsentanten in Konflikt geraten war. Hassells Posten in Rom übernahm Hans Georg v. Mackensen, dem nun als Staatssekretär in Berlin Ernst v. Weizsäcker folgte. Unter den Diplomaten der Wilhelmstraße galt Weizsäcker als Integrationsfigur. Er verfügte über langjährige Erfahrung und galt als außerordentlich kompetent, war aber auch aus der Sicht Ribbentrops und Hitlers politisch zuverlässig genug, um die Beteiligung des Auswärtigen Amts an der immer unverhohleneren Aggressions- und Gewaltpolitik des Regimes zu koordinieren. Die Bereitschaft im Amt, die nationalsozialistische Politik zu unterstützen, blieb freilich ohnehin ausgeprägt, nachdem diese Politik seit 1933, so sah man es auch in der Wilhelmstraße, einen Revisionserfolg nach dem anderen erzielt hatte. Vorläufiger Höhepunkt war im März 1938 der «Anschluss» Österreichs, mit dem das Versailler System an zentraler Stelle durchbrochen worden war. Zu den Folgen des «Anschlusses» gehörte die Auflösung des diplomatischen Diensts der Republik Österreich. Zwar gelangten keine österreichischen Spitzendiplomaten, aus der Wiener Zentrale oder den Auslandsvertretungen, in den Auswärtigen Dienst des nunmehr «Großdeutschen Reiches», aber eine Reihe von Beamten des höheren Dienstes und zahlreiche Angehörige des mittleren und des einfachen Dienstes wurden von der Wilhelmstraße übernommen. Ihre Karriereverläufe vor und nach 1945 verdienen durchaus eine intensivere Erforschung.

War der Wechsel von Neurath zu Ribbentrop an der Spitze des Auswärtigen Amts eine Zäsur? In der Selbstdarstellung des Auswärtigen Amts nach 1945 wurde die Beteiligung deutscher Diplomaten an den Verbrechen des Nationalsozialismus und insbesondere an der Ermordung der europäischen Juden immer wieder mit dem Ministerwechsel von 1938 und einer dann einsetzenden «Nazifizierung» des Amts in Verbindung gebracht. Das ist so nicht zutreffend. Denn zum einen hatte die Beteiligung der Wilhelmstraße an der nationalsozialistischen Gewaltpolitik in ihren vielen Dimensionen unmittelbar 1933 begonnen, und zum anderen war auch nach 1938 das Amt als Institution mit einer Vielzahl «alter» und «neuer» Diplomaten an den NS-Verbrechen beteiligt. Richtig ist allerdings, dass mit Ribbentrops Berufung an die Spitze des Außenministeriums von den insgesamt 74 Referenten seiner «Dienststelle» 28, darunter 20 SS- und vier SA-Angehörige, ins Auswärtige Amt wechselten.

Der neue Minister besetzte mit diesen Männern vor allem seinen persönlichen Stab, und einige nahmen im weiteren Verlauf durchaus Schlüsselpositionen ein, unter ihnen der spätere Staatssekretär Gustav Adolf Steengracht v. Moyland als Chef dieses Stabes, Walter Hewel als Ständiger Beauftragter des Ministers beim Führer oder Martin Luther, der ab 1939 das «Sonderreferat Partei» leitete und 1940 als Unterstaatssekretär Leiter der «Abteilung Deutschland» wurde, in der sein Referat und das «Referat Deutschland» zusammengeführt wurden. Ansonsten aber blieben sowohl in der AA-Zentrale, und hier vor allem in den wichtigen Abteilungen Politik, Wirtschaft und Recht, als auch in den Auslandsvertretungen die Spitzenstellungen mit traditionellen Beamten besetzt, von denen allerdings nicht wenige mittlerweile der NSDAP, zum Teil auch der SS, beigetreten waren. Noch 1943 waren von insgesamt 183 Angehörigen der Ranggruppen Botschafter bis Konsul I. Klasse 152 schon vor 1933 in den Auswärtigen Dienst eingetreten. Eine Ausnahme bildete eine Gruppe hoher SA-Führer, unter ihnen Hanns Ludin und Manfred v. Killinger, die 1941 die Leitung der deutschen Gesandtschaften in den von Deutschland abhängigen südosteuropäischen Staaten Ungarn, Bulgarien, Rumänien, Kroatien und Slowakei übernahmen.

Dass Ribbentrop anstrebte, den Auswärtigen Dienst personell zu transformieren, zeigen die mit seinem Amtsantritt verbundenen Pläne zur Reform der Diplomatenausbildung. Auf allen Ebenen sollte der Auswärtige Dienst aus weltanschaulich überzeugten und rassisch geeigneten Beamten bestehen. Nie verstummte in Ribbentrops Umfeld die Kritik am Kastendenken der alten Karrierebeamten, ihrem aristokratischen Habitus und ihrer engen Vernetzung, die auch die Nachwuchsrekrutierung beeinflusste. Doch zunächst glaubte auch Ribbentrop, auf die Kompetenz und Erfahrung der Wilhelmstraßen-Beamten angewiesen zu sein. Erst im Juni 1940 unternahm er den Versuch einer personellen Säuberung und schlug Hitler die Entlassung von über 20 Diplomaten des höheren Dienstes vor, von denen fast die Hälfte nicht der NSDAP oder anderen NS-Organisationen angehörten – ohne Erfolg. Eine Wirkung hatte Ribbentrops Initiative allerdings doch: Sie löste eine weitere Parteieintrittswelle aus, zu deren Gründen zusätzlich der deutsche Sieg über Frankreich gehörte, mit dem Hitler einen neuen Kulminationspunkt seiner Popularität erreichte und der gerade bei denjenigen Diplomaten, die durch die deutsche Niederlage 1918 tief geprägt waren, seine Wirkung nicht verfehlte.

1943 hatte der höhere Auswärtige Dienst 603 Beamte, 522 davon waren NSDAP-Mitglieder. Die Gesamtzahl der Beschäftigten im Auswärtigen Dienst wuchs enorm und erreichte mit rund 6000 einen Höchststand. In den fünf Jahren zwischen 1938 und 1943, vor allem aber seit Kriegsbeginn, waren über 3000 Mitarbeiter hinzugekommen. Vor allem die Berliner Amtszentrale, in der Mitte 1942 3408 Personen arbeiteten, darunter wegen der Einberufungen zur Wehrmacht immer mehr Frauen, dehnte sich organisatorisch und personell kontinuierlich aus. Dafür gab es verschiedene Gründe. Vor dem Hintergrund der Kriegsanstrengungen und der großräumigen Besatzungsverwaltung intensivierte sich die Zusammenarbeit mit anderen Reichsministerien und -behörden, aber auch mit der Wehrmacht. In diesen Zusammenhang gehört auch die Integration des «Sonderkommandos Künsberg», einer militärisch organisierten Einheit, die im Auftrag des Außenministers überall in Europa vor allem Kunstraub in großem Stil durchführte. Insbesondere aber wuchs seit 1939 der Presse- und Propagandaapparat, der aus mehreren Abteilungen bestand: der auch schon vorher existierenden Nachrichten- und Presseabteilung, der 1939 errichteten Informationsabteilung, der später mit ihr vereinigten Kulturpolitischen Abteilung und der 1941 gebildeten Rundfunkabteilung (später: Rundfunkpolitische Abteilung). Bei diesen Abteilungen war die gesamte Auslandspropaganda des Regimes angesiedelt. Aber auch die von Unterstaatssekretär Luther geleitete Abteilung Deutschland weitete in der Dynamisierung und Radikalisierung der deutschen Rassen- und Judenpolitik ihre Kompetenzen und ihr Personal aus und gewann innerhalb des Amtes an Bedeutung. Das verbesserte auch die Machtposition Luthers, der an der Jahreswende 1942/43 sogar den Versuch unternahm, Ribbentrop zu stürzen. Als Ergebnis des gescheiterten Putsches wurde er abgelöst und im KZ Sachsenhausen inhaftiert. Die Deutschlandabteilung wurde aufgelöst; aus ihr entstanden im April 1943 die beiden «Referatsgruppen» Inland I, zuständig für Verbindungen zur Partei, und Inland II, zuständig für Kontakte zur SS und deren «verlängerter Arm» im AA (Hans-Jürgen Döscher), in der zeitweilig 55 Mitarbeiter beschäftigt waren.

Die Zahl der deutschen Missionen im Ausland ging im gleichen Zeitraum zurück. Unterhielt das Reich vor Kriegsbeginn insgesamt 55 größere Vertretungen (Botschaften, Gesandtschaften und Generalkonsulate in Ländern ohne eine höherrangige diplomatische Vertretung), so schrumpfte diese Zahl rapide, bis 1944 nur noch 16 Repräsentationen übrig waren. Von klassischen diplomatischen Aktivitäten konnte in den Jahren des Krieges immer weniger die Rede sein. Die Reste an Außenpolitik, die diese Bezeichnung noch verdienten, standen ganz im Schatten der Kriegführung, waren eine Außenpolitik unter Waffen, eine Außenpolitik zudem, die überall in Europa mit der nationalsozialistischen Vernichtungspolitik in engster Verbindung stand. Die Beteiligung an dieser Politik war zum einen das Ergebnis einer Entwicklung, die längst vor 1939 begonnen hatte und durch die der gesamte deutsche Regierungs- und Behördenapparat mit seinen jeweiligen Zuständigkeiten und Kompetenzen in die Judenpolitik eingebunden und auf diese Weise zu einem verbrecherischen System umfunktioniert wurde. Und je mehr sich zum anderen seit 1939 diese Politik auf das unter deutscher Kontrolle stehende europäische Ausland erweiterte, desto umfassender und wichtiger wurden die Funktionen, die das Auswärtige Amt mit seinen Diplomaten dabei zu erfüllen hatte. Dem Amt wurden in diesem Prozess Funktionen allerdings nicht nur zugewiesen, sondern es bemühte sich – an seiner Spitze, in einzelnen Abteilungen oder Vertretungen und in vielen individuellen Fällen – um eine Einbeziehung. Dahinter stand die Sorge vor institutionellem Bedeutungsverlust ebenso wie ideologische Überzeugungen oder Karriereerwägungen.

Die Beteiligung des Amtes und seiner Angehörigen lässt sich dabei nicht auf einzelne, isolierte Einheiten reduzieren, insbesondere nicht auf das berühmt-berüchtigte «Judenreferat», das Referat D III der Abteilung Deutschland. Das Referat Deutschland und später das «Judenreferat» der Abteilung Deutschland waren keine «Sonderreferate» – so wurden sie nur für wenige Monate 1939/40 bezeichnet –, sondern in die Arbeits- und Organisationsstrukturen des Auswärtigen Amtes integrierte Einheiten. In der Existenz dieser Referate spiegelte sich die Tatsache, dass die Leitung des Auswärtigen Amtes seit 1933 «Judenfragen» zum Aufgabenfeld des Ministeriums rechnete. Die drei «Judenreferenten», Emil Schumburg, Franz Rademacher und Eberhard v. Thadden, waren nicht erst mit Ribbentrop ins AA gelangt; Rademacher, der 1941 eine Dienstreise nach Serbien mit der Begründung «Liquidation von Juden in Belgrad» abrechnete, gehörte nicht der SS an. Seine Abrechnung aber zeigt, wie geschäftsmäßig der diplomatische Apparat mittlerweile am Judenmord beteiligt war. Das «Judenreferat» in der Wilhelmstraße war für «Judenfragen» und damit auch für die Beteiligung des Amtes an der «Endlösung» schlicht zuständig – so wie wirtschaftliche Fragen in die Zuständigkeit der Wirtschaftsabteilung fielen, Rechtsfragen in die Zuständigkeit der Rechtsabteilung. Freilich waren die Abteilung Deutschland und ihr «Judenreferat» Querschnittsinstitutionen, weil die «Judenfrage» in ganz unterschiedliche Arbeitsbereiche des Amtes hinein reichte: in wirtschaftliche im Arisierungszusammenhang, in rechtliche im Zusammenhang mit Staatsangehörigkeitsfragen und in politische im Zusammenhang mit der europäischen Koordinierung der «Endlösung» und der Beteiligung anderer Staaten daran.

Deswegen vertrat Unterstaatssekretär Luther als Leiter der Abteilung Deutschland das Amt auf der Wannsee-Konferenz 1942, wo auf Initiative und unter Leitung der SS die «Endlösung» der Judenfrage koordiniert wurde. Das Protokoll dieses Treffens ist uns allein aus den Akten des Amts überliefert. Aber nicht nur zwischen der Abteilung Deutschland und dem Reichssicherheitshauptamt wurden die Grenzen fließend, und nicht nur die traditionellen Abteilungen der Berliner Zentrale arbeiteten dem «Judenreferat» zu, indem sie beispielsweise völkerrechtliche Aspekte der Deportationen prüften oder antisemitisches Propagandamaterial kompilierten, sondern überall, wo im nationalsozialistischen Europa deutsche Vertretungen existierten, waren sie, auf durchaus unterschiedliche Weise, bis hin zur aktiven Mitwirkung an Deportationen, an der deutschen Vernichtungspolitik beteiligt. Nicht wenige deutsche Diplomaten, unter ihnen auch alte Karrierebeamte, sind daher als Täter oder Mittäter des Holocaust zu bezeichnen. Und selbst weit entfernte deutsche Missionen, im Fernen Osten oder in Lateinamerika, waren judenpolitisch aktiv. So gab es beispielsweise Versuche des deutschen Botschaftspersonals in Tokio, in japanischen Gefangenen- oder Internierungslagern Juden aufzuspüren, während die Gesandtschaft in Kabul Anstrengungen unternahm, die Niederlassung geflüchteter Juden in Afghanistan zu verhindern. Die verschiedenen Berliner Abteilungen und die Führungsspitze des Ministeriums waren über die Entwicklungen der Judenpolitik gut informiert und in diese immer wieder involviert. Dass Staatssekretär v. Weizsäcker 1942 mit seiner Paraphe das Placet des Amts zur Deportation französischer Juden nach Auschwitz erteilte, ist dafür nur das bekannteste Beispiel. Die Berichte der SS-Einsatzgruppen aus der Sowjetunion, deren Tätigkeit ab Sommer 1941 den Übergang zur systematischen Vernichtung der Juden bedeutete, wurden in der Wilhelmstraße vergleichsweise breit verteilt. Aber auch über die Reporte der Vertreter des Auswärtigen Amts bei der Wehrmacht oder die Auswertung der Auslandspresse erreichten unzweideutige Informationen das Amt und seine Angehörigen. Ab 1941 wurden einer Reihe deutscher Auslandsmissionen Vertreter des Reichssicherheitshauptamts als Polizeiattachés oder Polizeiverbindungsführer eingegliedert, ab 1942 auch in die institutionelle Hierarchie des diplomatischen Dienstes integriert. Sie waren nichts anderes als Agenten des RSHA und damit der SS im Ausland.

Außenpolitik und Diplomatie im engeren Sinne waren im Auswärtigen Amt nach Kriegsbeginn fast völlig zum Erliegen gekommen. Erst mit der Kriegswende des Winters 1942/43 und mit der Schlacht von Stalingrad kam es in der Wilhelmstraße zu einer «Wiederentdeckung der Diplomatie» (Klaus Hildebrand) und zum Nachdenken über politische Konzepte, die Deutschland eine Beendigung des Krieges ohne Verlust seiner Großmachtposition ermöglichen könnten. Die Konkurrenz unterschiedlicher Konzepte trug zu amtsinternen Spannungen und Intrigen bei, die nicht nur zum Hintergrund des «Luther-Putsches» Anfang 1943 gehören, sondern die auch Ribbentrop in seinem Bemühen bestärkten, durch ein großes personelles Revirement seine außenpolitische Dominanz sicherzustellen. Dazu gehörte die Ernennung seines alten Vertrauten Steengracht v. Moyland zum Staatssekretär, nachdem Weizsäcker, der letztlich schon 1939 mit seiner auf Friedenserhalt zielenden Obstruktionspolitik gescheitert war und stattdessen in den Folgejahren die Beteiligung des Auswärtigen Amtes an der Kriegs- und Vernichtungspolitik mitverantwortete, um Entlassung und Entsendung als Botschafter im Vatikan gebeten hatte. Auch die Mehrzahl der Abteilungsleiter in der Berliner Zentrale und eine Reihe von Botschaftern – viele gab es nicht mehr – wurden 1943 ausgewechselt.

Zur Opposition gegen das Regime gehörte Weizsäcker nicht, das hat er selbst nicht anders gesehen. Erst nach 1945 ist ihm vor dem Hintergrund des Nürnberger Wilhelmstraßen-Prozesses, in dem der ehemalige Staatssekretär auf der Anklagebank saß, nicht zuletzt von ehemaligen AA-Beamten eine führende Widerstandsrolle zugeschrieben worden, was ihren früheren Chef, aber auch sie selbst entlasten sollte. Sein Verbleiben im Amt deutete man als Ausdruck erklärter Opposition Weizsäckers und der meisten alten Karrierediplomaten. Mittlerweile ist längst klar, dass weder das Auswärtige Amt insgesamt noch die Gruppe der alten Wilhelmstraßen-Beamten geschlossen zum Widerstand gehörten. So wie in der deutschen Gesellschaft insgesamt war auch unter den Diplomaten oppositionelles Handeln – als individuelles, vor allem individuell motiviertes Handeln – die Ausnahme, nicht die Regel. Es war nur eine kleine Minderheit von Diplomaten, die überdies nicht konspirativ vernetzt waren und deren Angehörige in ihrem Widerstandshandeln eher getrennte Wege gingen. Manche, Albrecht Graf Bernstorff zum Beispiel oder Ulrich v. Hassell, hatten den Auswärtigen Dienst bereits verlassen, als sie sich dem Widerstand zuwandten; andere waren erst in den Kriegsjahren in den Dienst gelangt: Adam v. Trott zu Solz beispielsweise, ohne diplomatische Ausbildung oder Erfahrung, erst 1940. Dass mit Trott ein Seiteneinsteiger dem Widerstand angehörte, verdeutlicht noch einmal, dass mit Blick auf das Handeln von Diplomaten zwischen 1933 und 1945 eine schematische Trennung von «alten» und «neuen» Diplomaten einer ungleich komplexeren Realität nicht gerecht wird.

Zweifellos aber erfüllten die Diplomaten für den Widerstand, ob nun des Kreisauer Kreises oder der Goerdeler-Gruppe, wichtige Funktionen. Sie waren im Amt, aber auch gesellschaftlich gut vernetzt und verfügten über wichtige Informationen, nicht zuletzt im Hinblick auf die Haltung des Auslands zu den konspirativen Aktivitäten. Als Diplomaten konnten sie noch reisen und Deutschland verlassen, als dies anderen Oppositionellen längst nicht mehr möglich war, und manche, wie Trott beispielsweise in England, verfügten auch über direkte Kontakte zu einflussreichen Personen im Ausland. Gerade ihre Auslandskontakte und ihre profunden Länderkenntnisse waren auch der Grund dafür, warum einige regimekritische Diplomaten der zu Kriegsbeginn eingerichteten Informationsabteilung angehörten, die, wenn man überhaupt ein solches identifizieren kann, das Zentrum des Widerstands im Amt war. Sie waren die Außenpolitiker des Widerstands, sosehr sie sich auch mit Fragen der inneren Ordnung und der Verfassungskonstruktion beschäftigten. In den Widerstandszirkeln floss ihre außenpolitische Expertise sowohl in die Überlegungen zur Beendigung des Krieges ein, einschließlich punktueller, vor allem in Richtung Westen ausgestreckter Friedensfühler, als auch in das Nachdenken über die Außenpolitik eines «anderen Deutschland». Zum großen Teil – Trott war hier eine Ausnahme – standen ihre außenpolitischen Konzepte in der Tradition deutscher Außenpolitik der Zeit vor 1933. So berief sich Hassell immer wieder auf Bismarck. Der nationale Machtstaat blieb ein Dreh- und Angelpunkt ihres Denkens, und angesichts der Stärke des sowjetischen Bolschewismus hielt man eine deutsche Großmachtrolle nicht nur für notwendig, sondern glaubte auch, die Westmächte würden das in einem antikommunistischen Schulterschluss genauso sehen.

Auch deshalb begegnete man der alliierten Formel von der «bedingungslosen Kapitulation» (1943) mit Unverständnis.

Der Blick auf den Widerstand aus dem Auswärtigen Amt bliebe indes unvollständig und würde überdies einem zu engen Widerstandsverständnis folgen, wollte man ihn nur auf diejenigen Amtsangehörigen beschränken, die insbesondere im Kontext der zum 20. Juli 1944 führenden Entwicklungen an Staatsstreichplänen und Neuordnungsdebatten beteiligt waren. Widerstandshandeln, auch im Auswärtigen Dienst, konnte viele Formen haben. So arbeitete Fritz Kolbe, angetrieben von seinen Kenntnissen des Judenmords, seit 1943 unter erheblichen Risiken für den US-Geheimdienst. In Budapest rettete Gerhard Feine, der zweite Mann der deutschen Gesandtschaft, 1944 tausende von Juden vor der Deportation. Kolbe und Feine überlebten den Krieg. Rudolf v. Scheliha, der als Mitarbeiter der Informationsabteilung deutsche Besatzungsverbrechen in Polen dokumentierte und seine Dokumente an ausländische Stellen weitergab, wurde schon 1942 wie die in der AA-Informationsabteilung beschäftigte Ilse Stöbe im Zusammenhang mit dem Vorgehen der Gestapo gegen das prosowjetische Spionagenetzwerk der «Roten Kapelle» verhaftet und hingerichtet. Scheliha und Stöbe teilten das Schicksal derjenigen Diplomaten, die wie Hassell, Trott, Hans Bernd v. Haeften und Friedrich-Werner Graf von der Schulenburg, nach dem 20. Juli 1944 verhaftet, vor Freislers Volksgerichtshof gestellt und gehenkt wurden. Individuellen Nonkonformismus oder resistentes Verhalten findet man auch bei anderen Angehörigen des Auswärtigen Dienstes, und dies wie im Falle Kolbes nicht nur auf der höheren Ebene, wo die Namen bekannter und die Spuren der Überlieferung besser erhalten sind. Zu betonen ist dennoch: Es gab kein oppositionelles Verhalten innerhalb des Amtes, das nicht zugleich einen Anteil gehabt hätte an der verbrecherischen Politik des Dritten Reiches. Das lag in der Natur eines Widerstands aus einer NS-Institution heraus. Gerade auch Trott und Haeften war das mit Blick auf ihre eigene Tätigkeit im Auswärtigen Amt bewusst, und es beschäftigte, ja es quälte sie.

Nachdem das Amt bis 1944 vor größeren personellen Säuberungsaktionen weitestgehend verschont geblieben war – auch das ein Beleg für das gute Funktionieren des Apparats –, erhöhte sich nun der Druck, der sich beispielsweise auf Personen mit internationalen Verwandtschaftsbeziehungen richtete. In der Agonie des Reichs blieben diese Bemühungen jedoch stecken. Der Kriegsverlauf und insbesondere der alliierte Bombenkrieg gegen Deutschland hatten die Tätigkeit des Amtes schon seit 1943 zunehmend beeinträchtigt. Die Zentrale existierte nur noch auf dem Papier und in Gestalt kleiner Arbeitsstäbe in Berlin, ihre Abteilungen wurden in entlegenen Ausweichquartieren untergebracht, im Riesengebirge, am Bodensee oder im Salzburger Land. Auch die Amtsgebäude selber wurden durch Bomben beschädigt, einem schweren Luftangriff im November 1943 fielen die Personalakten zum Opfer, und Ende April 1945 gerieten die Gebäude in der Wilhelmstraße beim sowjetischen Angriff auf Berlin in Brand und wurden völlig zerstört. Zu diesem Zeitpunkt befand sich allerdings mit Ausnahme einer kleinen Sicherungsgruppe kein AA-Personal mehr in der Hauptstadt. Auch Minister und Staatssekretär hatten Berlin längst verlassen. Ribbentrop wurde am 23. Mai 1945 von den Alliierten verhaftet, im Nürnberger Hauptkriegsverbrecherprozess angeklagt, zum Tode verurteilt und 1946 hingerichtet. Der offiziell letzte Außenminister des Dritten Reiches war allerdings nicht Ribbentrop, sondern Lutz Graf Schwerin v. Krosigk, der von dem als Hitlers Nachfolger eingesetzten Karl Dönitz am 2. Mai 1945 mit der Bildung einer geschäftsführenden Reichsregierung beauftragt wurde, in der der ehemalige Reichsfinanzminister bis zur Verhaftung dieser «Regierung» wenige Tage später auch als Außenminister, freilich ohne Auswärtiges Amt, agierte. Mit der Übernahme der obersten Regierungsgewalt in Deutschland durch die Alliierten in der Berliner Erklärung vom 5. Juni 1945 konnte Deutschland als Staat keine auswärtigen Beziehungen mehr unterhalten. Das bestätigte eine Proklamation des Alliierten Kontrollrats vom 20. September 1945. Sie verkündete entsprechend: «Alle deutschen diplomatischen, Konsular–, Handels- und andere Beamte oder Mitglieder von Militärmissionen im Ausland werden hiermit zurückgerufen.»

5. Kapitel: Wiedergründung oder Neuanfang? Das Auswärtige Amt der Bundesrepublik (1949/51–2000)

Das nach einer Revision des Besatzungsstatuts im März 1951 gegründete Außenministerium der Bundesrepublik Deutschland hieß wieder Auswärtiges Amt. Zwingend war diese Namensgebung nicht, aber sie resultierte nicht zuletzt aus dem politischen und juristischen Anspruch des westdeutschen Staates, Rechtsnachfolger des Deutschen Reiches zu sein. Doch auch personell und strukturell stand das Auswärtige Amt der Bundesrepublik durchaus in der Tradition des bis 1945 existierenden Auswärtigen Amts. Die Mehrzahl der Diplomaten jedenfalls, die 1951 oder in den Folgejahren in den Auswärtigen Dienst der Bundesrepublik eintraten, begrüßte die Wiederaufnahme der alten Bezeichnung und sah diese nicht durch die Geschichte des Amtes zwischen 1933 und 1945 kompromittiert. Im Gegenteil: Es gehörte zur Gründungskonstellation des westdeutschen Auswärtigen Amtes und war auch die Voraussetzung einer erheblichen personellen Kontinuität vor allem im höheren diplomatischen Dienst, dass das Auswärtige Amt der Wilhelmstraße und seine Diplomaten sowohl in seinem eigenen, institutionellen Selbstbild als auch in der öffentlichen Wahrnehmung der Nachkriegsjahrzehnte – und beides hing ja zusammen – stärker mit dem Widerstand gegen den Nationalsozialismus verbunden waren als mit seiner Beteiligung an der Gewaltpolitik des Dritten Reiches. Erst nach 1990 setzte sich im Ministerium selbst wie in der Öffentlichkeit allmählich ein anderer, kritischerer Blick auf die Geschichte des Amtes im Nationalsozialismus und den Umgang mit dieser Vergangenheit nach 1945 durch. Bundesaußenminister Joschka Fischer sorgte 2004 dafür, dass Diplomaten, die der NSDAP oder anderen nationalsozialistischen Organisationen angehört hatten, in der Hauszeitschrift des AA keine ehrenden Nachrufe mehr erhielten. Wegen dieser Entscheidung insbesondere von pensionierten Diplomaten scharf kritisiert, berief der Minister eine Unabhängige Historikerkommission, deren Forschungsergebnisse dem von früheren Diplomatengenerationen gepflegten Geschichtsbild die Grundlage endgültig entzogen. Auch vor diesem Hintergrund wird klar, dass die Frage der NS-Belastung, nicht zuletzt der personellen Kontinuität und ihrer Folgen, ein zentrales Element der Geschichte des Auswärtigen Amtes der Bundesrepublik ist.

Im engeren Sinne institutionell betrachtet, setzte sich die Geschichte des Auswärtigen Amts, nachdem es 1945 seine Aktivitäten eingestellt und als Ministerium zu existieren aufgehört hatte, erst 1951 fort. Doch schon in die sechs Jahre zwischen Kriegsende und Wiedererrichtung der Behörde fielen wichtige Entwicklungen, die für das Auswärtige Amt der Bundesrepublik bedeutsam waren. Bis 1946 waren die meisten Diplomaten der Wilhelmstraße, die sich bei Kriegsende noch im Ausland befunden hatten, nach Deutschland zurückgekehrt. Wie die Angehörigen der Berliner AA-Zentrale standen sie vor einer schwierigen Situation, bestimmt durch die Erfordernisse materieller Existenzsicherung und beruflicher Neuorientierung. Auch wenn die wenigsten ausschließen wollten, zu einem späteren Zeitpunkt wieder als Diplomaten eines deutschen Staates tätig zu sein, so gab es doch gerade in der ersten Zeit nach der deutschen Kapitulation kaum Anhaltspunkte, die zu konkreten Hoffnungen berechtigten. Wenn also nicht ein privates Vermögen eine Lebensgrundlage bot, so waren die früheren Amtsangehörigen auf andere Tätigkeiten angewiesen, die sie in der Wirtschaft, in den wieder entstehenden deutschen Verwaltungsstrukturen auf kommunaler oder auf Länderebene, mitunter auch in der Besatzungsverwaltung oder auf publizistischem Feld fanden. Nicht alle früheren Diplomaten freilich konnten sich frei bewegen und einer Tätigkeit nachgehen. Etliche Beamte, vor allem solche, die höhere Positionen bekleidet hatten, wurden nach 1945 von den Alliierten interniert. Solche Internierungen, die von allen Besatzungsmächten praktiziert wurden, verfolgten verschiedene Zwecke. Einmal ging es darum, mögliche Kriegsverbrecher zu identifizieren, entsprechende Vorwürfe zu prüfen, um die Betroffenen gegebenenfalls vor Gericht stellen zu können. Aber auch als Zeugen in alliierten Gerichtsverfahren kamen Angehörige des Auswärtigen Dienstes in Betracht und wurden deshalb interniert. Schließlich schienen manche Diplomaten als Informationsquelle auch jenseits möglicher Gerichtsprozesse von Interesse. Je mehr sich in den Jahren nach 1945 die machtpolitische Konfrontation zwischen den Westmächten und der Sowjetunion zuspitzte, desto mehr interessierten sich beispielsweise amerikanische Behörden und Geheimdienste für das Wissen derjenigen deutschen Diplomaten, die vor 1945 mit dem östlichen Europa und insbesondere mit der Sowjetunion befasst gewesen waren. Zugespitzt formuliert, gilt auch für das diplomatische Personal, dass die Intensität der Strafverfolgung und Entnazifizierung mit der Eskalation des Kalten Kriegs und dem Interesse an Einbindung des ab 1948 entstehenden westdeutschen Staates in die Gemeinschaft des Westens nachließ.

Als sich seit 1947 die Perspektive einer westdeutschen Staatsgründung abzuzeichnen begann und diese sich 1948 mit den Londoner Empfehlungen und den Frankfurter Dokumenten konkretisierte, da war klar, dass der im Entstehen begriffene westdeutsche Staat über kurz oder lang auch auswärtige Beziehungen würde unterhalten und eine Außenpolitik würde betreiben müssen, wenn auch wahrscheinlich zunächst noch unter alliierter Kontrolle und mit alliierten Vorbehaltsrechten. Die Errichtung eines Außenministeriums und eines diplomatischen Dienstes lag nur in der Konsequenz dieser Entwicklung. Aber würde ein neuer Auswärtiger Dienst mit dem alten Personal aufgebaut werden können? Waren dafür nicht das alte Auswärtige Amt als Institution und viele seiner Angehörigen zu stark durch die Beteiligung an der nationalsozialistischen Politik belastet? Der Prozess gegen eine Reihe führender deutscher Diplomaten, der unter amerikanischer Regie als der längste der Nürnberger Nachfolgeprozesse zwischen November 1947 und April 1949 stattfand (verhandelt wurde von Januar bis November 1948) und mit einem ungeheuren Aufwand an Beweisdokumenten verbunden war, gewann vor diesem Hintergrund seine besondere Bedeutung. Vorbereitet worden war dieses Verfahren von dem deutschen Emigranten Robert Kempner, einem der engsten Mitarbeiter des amerikanischen Anklägers Telford Taylor. Kempner, bis zu seiner Entlassung aus dem Staatsdienst 1933 Beamter im preußischen Innenministerium, ging es in dem Prozess darum, die Beteiligung der nationalsozialistischen Ministerialbürokratie an den NS-Verbrechen zu thematisieren und strafrechtlich zu verfolgen. Auch deshalb wurde das Verfahren bald «Wilhelmstraßen-Prozess» genannt, weil sich in dieser Straße nicht nur das Auswärtige Amt befand, sondern eine Vielzahl anderer Ministerien und Behörden.

Eine andere Bezeichnung war indes «Weizsäcker-Prozess» nach dem wohl prominentesten Angeklagten, dem früheren AA-Staatssekretär Ernst v. Weizsäcker. Dieser war freilich nicht der einzige ehemalige Amtsangehörige, der sich nun gerichtlich zu verantworten hatte. Zur Gruppe der Angeklagten aus dem alten Amt zählten auch Weizsäckers Nachfolger als Staatssekretär (1943–1945) Gustav Adolf Steengracht v. Moyland, Staatssekretär (1938–1945) Wilhelm Keppler, NSDAP-AO-Chef (1933–1945) und Staatssekretär (1937–1945) Ernst Wilhelm Bohle, Unterstaatssekretär und Leiter der politischen Abteilung (1938–1943) Ernst Woermann, Karl Ritter, der Verbindungsmann zwischen Auswärtigem Amt und Oberkommando der Wehrmacht (1939–1945), Otto Freiherr v. Erdmannsdorff, Gesandter in Ungarn (1937–1941), sowie Edmund Veesenmayer, AA-Sonderbeauftragter in Jugoslawien und der Slowakei (1941–1943) und Bevollmächtigter des Reiches in Ungarn (1944–1945). Damit stand die Führungsgruppe des Auswärtigen Amts der Kriegsjahre, soweit sie noch am Leben war, vor Gericht, mit Veesenmayer aber auch ein Diplomat, der in Südosteuropa aktiv an der Verfolgung und Ermordung der Juden mitgewirkt hatte. Während nun die amerikanische Anklage und Kempner darauf abzielten, auch die strafrechtliche Verantwortung der traditionellen deutschen Regierungsbürokratie herauszustellen, mussten diejenigen früheren Diplomaten, die sich eine Fortsetzung ihrer Karriere im Dienst eines westdeutschen Staates erhofften, daran interessiert sein, die Angehörigen des traditionellen Auswärtigen Dienstes gerichtlich zu entlasten. Vor allem deshalb gewann der Fall Weizsäcker eine so herausgehobene Bedeutung, und vor allem deshalb unterstützten ihn ehemalige Diplomaten auch vor Gericht nach Kräften. Weizsäcker repräsentierte mit seiner AA-Karriere seit 1920, insbesondere aber nach 1933, wie kaum ein anderer die traditionelle Wilhelmstraßen-Diplomatie. Würde der nationalsozialistische Spitzendiplomat, dem im Übrigen selbst Ambitionen auf das Amt eines westdeutschen Außenministers nachgesagt wurden, freigesprochen werden, so das Kalkül, dann konnte auch das Gros der alten Wilhelmstraßen-Beamten als entlastet gelten.

Aus dieser Konstellation entwickelten sich Prozessverhalten und Verteidigungsstrategie Weizsäckers und seiner Anwälte, zu denen auch sein Sohn Richard gehörte, und eines Netzwerks von Unterstützern, zu denen im publizistischen Bereich die Journalistin Marion Gräfin Dönhoff und die Schriftstellerin Margret Boveri zählten, dem aber auch etliche frühere Diplomaten angehörten. Zum zentralen Argument gerade dieser Gruppe wurde ein Bild des Auswärtigen Amts, in welchem die traditionellen, schon vor 1933 dem Amt angehörenden Diplomaten eher mit dem Widerstand gegen das NS-Regime in Verbindung gebracht wurden als mit den NS-Verbrechen und in dem, umgekehrt, die kaum zu bestreitende Beteiligung des Auswärtigen Amts an diesen Verbrechen als Ergebnis einer «Nazifizierung» des diplomatischen Dienstes durch Außenseiter nach 1933 und vor allem nach 1938, nach der Ernennung Ribbentrops zum Außenminister, hingestellt wurde. Vor diesem Hintergrund wehrte man sich bereits dagegen, mit nationalsozialistischen Funktionären und Quereinsteigern wie Bohle, Keppler oder Veesenmayer überhaupt auf der gleichen Anklagebank zu sitzen. Dass es prominente Diplomaten, auch alte Amtsangehörige, gegeben hatte, die dem Widerstand angehörten und dafür sogar mit ihrem Leben bezahlt hatten, erleichterte diese Argumentation. Nicht selten bezog man sich auch auf diese hingerichteten Oppositionellen, denen man entlastende Äußerungen – freilich nicht mehr überprüfbare – zuschrieb.

Als frühes und vermutlich wichtigstes Schlüsseldokument amtsinterner Mythenbildung kann ein schon 1946 vor dem

Hintergrund der Entnazifizierung verfasstes Memorandum von Wilhelm Melchers, seit 1939 Leiter des Orient-Referats in der Wilhelmstraße, gelten, das nicht nur einen Kreis um Ernst v. Weizsäcker zum Widerstandszentrum im AA erklärte, sondern auch dem 1944 hingerichteten Diplomaten Adam v. Trott die Worte in den Mund legte, trotz der «Nazifizierungsversuche» Ribbentrops sei der Kern des Amtes mit den eigentlichen, wichtigen Arbeitsgebieten «gesund» und, so die implizite Botschaft, für eine Wiederverwendung geeignet. Zwar konnte sich diese dualistische Sichtweise in Nürnberg nicht durchsetzen, und Weizsäcker wurde wie Steengracht und Woermann zu sieben Jahren Haft (später reduziert auf fünf) verurteilt. Aber im Umfeld des Wilhelmstraßen-Prozesses war doch jenes Geschichtsbild des traditionellen Auswärtigen Dienstes entstanden, das in den kommenden Jahrzehnten zum Selbstbild des Auswärtigen Amts der Bundesrepublik gehören sollte. Ganz unmittelbar profitierten von dieser Entwicklung all diejenigen Diplomaten des alten Amtes, die sich im Prozess der Errichtung des Auswärtigen Amts der Bundesrepublik um eine Fortsetzung ihrer diplomatischen Laufbahn bemühten, auch wenn nicht alle Interessierten dabei erfolgreich waren. Dennoch gelangte schon in der Frühphase des westdeutschen Auswärtigen Amts eine ganze Reihe zum Teil erheblich belasteter früherer Wilhelmstraßen-Beamten in dessen Dienst.

In nicht wenigen Fällen führte der Weg in den Auswärtigen Dienst der Bundesrepublik Deutschland über verschiedene Vorläuferinstitutionen, die in der Besatzungszeit und nach Inkrafttreten des Grundgesetzes entstanden waren. Bereits im April 1947 hatte in Stuttgart das «Deutsche Büro für Friedensfragen» seine Arbeit aufgenommen, eine Einrichtung der Länder der amerikanischen Besatzungszone, die sich mit Fragen der internationalen Politik, dem Verhältnis der deutschen Länder zu den Besatzungsmächten und nicht zuletzt mit der Vorbereitung einer Friedenskonferenz beziehungsweise eines Friedensvertrags, mit dem man 1947 noch immer rechnete, beschäftigte. Leiter des Büros war der sozialdemokratische Widerstandskämpfer Fritz Eberhard, sein Stellvertreter der frühere Botschaftsrat an der deutschen Botschaft in Paris, Dirk Forster, der 1937 aus dem Auswärtigen Dienst entlassen worden war. Je deutlicher sich die baldige Gründung eines westdeutschen Staates abzeichnete, desto intensiver wandte sich das Friedensbüro nicht nur als eine Art *Thinktank* der künftigen Außenpolitik dieses Staates zu, sondern auch dem Aufbau einer außenpolitischen Verwaltung, ja eines Außenministeriums, als dessen Kern man das Friedensbüro, dem eine ganze Reihe ehemaliger Diplomaten angehörte, selbst verstand. Ebenfalls 1947 eingerichtet wurde die in Frankfurt-Höchst angesiedelte Hauptabteilung V der Verwaltung für Wirtschaft des aus der amerikanischen und der britischen Zone gebildeten Vereinigten Wirtschaftsgebiets, der Bizone, die unter der Leitung des ehemaligen, 1938 aus dem Auswärtigen Dienst entlassenen Diplomaten Vollrath Freiherr v. Maltzan primär für die Außenhandelsbeziehungen der Bizone zuständig war, die sich aber seit Frühjahr 1949 auch mit der Organisation einer Wirtschaftsabteilung in einem zu errichtenden Außenministerium befasste. Etwa zeitgleich entstanden in der Wirtschaftsverwaltung der Bizone Vorschläge zur Institutionalisierung der auswärtigen Angelegenheiten in der neuen Bundesregierung.

In dem im April 1949, also vor Verabschiedung des Grundgesetzes, beschlossenen und am 15. September 1949 in Kraft getretenen Besatzungsstatut, das angesichts der Weststaatsgründung die Rechte und Befugnisse der künftigen Bundesregierung und der Besatzungsmächte voneinander abgrenzte, behielten sich die Alliierten die Zuständigkeit für die auswärtigen Angelegenheiten vor. Schon daraus ergab sich, dass es in der Bundesregierung zunächst kein Außenministerium und, entsprechend, im Bundeskabinett keinen Außenminister geben würde. Damit ist freilich nicht gesagt, dass Außenpolitik für die junge Bundesrepublik und die erste Bundesregierung keine Rolle spielte. Im Gegenteil: Die Entstehung der Bundesrepublik war ganz offensichtlich Ergebnis einer außenpolitisch determinierten Entwicklung, und die Kontrollrechte der drei Westmächte stellten im Grunde die gesamte politische Entwicklung des jungen Staates in einen außenpolitisch definierten Bedingungsrahmen. Der

Bundeskanzler, seit dem 15. September 1949 Konrad Adenauer, war innerhalb der Bundesregierung für die Kontakte zu den Besatzungsmächten in Gestalt der auf dem Petersberg bei Bonn angesiedelten Alliierten Hohen Kommission zuständig. Adenauer schöpfte aus dieser Funktion einen weit über die dem Kanzler im Grundgesetz zugewiesene Richtlinienkompetenz hinausgehenden politischen Führungsanspruch, der für die Herausbildung der später so genannten «Kanzlerdemokratie» von großer Bedeutung war. Aus den besatzungsrechtlichen Strukturen einerseits und dem politischen Dominanzanspruch Adenauers andererseits ergab sich der Aufbau eines außenpolitischen Apparats im Bundeskanzleramt, der als die Keimzelle des Auswärtigen Amts der Bundesrepublik betrachtet werden muss.

Innerhalb des Kanzleramts lag die Zuständigkeit für außenpolitische Fragen bei Herbert Blankenhorn, einem der engsten Vertrauten des Bundeskanzlers. Blankenhorn, ein ehemaliger Diplomat der Wilhelmstraße, der auch der NSDAP angehört hatte, hatte im Kanzleramt schon im September 1949 die Verbindungsstelle zur Hohen Kommission aufgebaut. Er koordinierte im Auftrag des Bundeskanzlers die weiteren Schritte außenpolitischer Institutionenbildung. Die vor der Regierungsbildung 1949 von verschiedenen Stellen, darunter dem Büro für Friedensfragen, dem Organisationsausschuss der Ministerpräsidentenkonferenz und der Verwaltung der Bizone, dafür ausgearbeiteten Pläne berücksichtigte Adenauer kaum. Der erste Bundeskanzler wollte nicht Vorlagen anderer Personen und Institutionen umsetzen, sondern selbst Strukturen schaffen, die seinen Vorstellungen entsprachen und von ihm kontrollierbar waren. Insbesondere lehnte er ein eigenständiges Ministerium ab, wie es die Frankfurter Bizonen-Verwaltung vorgeschlagen hatte. Was dem Kanzler im Herbst 1949 vor Augen stand, war ein außenpolitisches Büro, angesiedelt im Bundeskanzleramt und unter der Leitung eines loyalen Staatssekretärs. Im Gespräch für diesen Posten war damals Anton Pfeiffer, der der CSU angehörende Leiter der bayerischen Staatskanzlei, der 1948/49 auch CDU/CSU-Fraktionsvorsitzender im Parlamentarischen Rat gewesen war. Zunächst erhielt Pfeiffer jedoch den Auftrag, einen Organisationsplan für ein «Bundesamt des Auswärtigen» auszuarbeiten, der auch – ein sensibler Punkt – personalpolitische Grundsätze enthalten sollte.

Pfeiffer widmete sich seiner Aufgabe zusammen mit einer von ihm zusammengestellten Kommission aus ehemaligen Diplomaten, mit denen er nicht zuletzt über seinen Bruder, den früheren Generalkonsul Peter Pfeiffer, in Verbindung stand. Der Organisationsplan, den die Kommission entwickelte, orientierte sich stark an den Strukturen des Auswärtigen Amts vor 1945. Die personalpolitischen Anforderungen waren relativ vage formuliert: Fachliche Eignung und politische Verlässlichkeit im Sinne des demokratischen Staatsgedankens wurden ebenso genannt wie charakterliche Festigkeit und soziales Verantwortungsgefühl. Konkrete Ausführungen zum Umgang mit ehemaligen Diplomaten der Wilhelmstraße oder zu möglichen NS-Belastungen, auch zur Mitgliedschaft in der NSDAP oder anderen Organisationen, fehlten. Ob Anton Pfeiffer sich dadurch das Misstrauen des Bundeskanzlers zuzog, ist nicht eindeutig zu sagen. Immerhin hatte sich Adenauer noch Ende 1949 dahingehend öffentlich geäußert, es käme ihm darauf an, ein Amt aufzubauen, «das mit den alten Leuten möglichst wenig zu tun hat». In jedem Fall spielte Pfeiffer nach Vorlage seines Plans beim weiteren Aufbau des außenpolitischen Apparats im Kanzleramt keine Rolle mehr. Der Aufbau musste jedoch weiter vorangetrieben werden, zumal der Bundesrepublik im Petersberger Abkommen vom 22. November 1949 die Wiederaufnahme von konsularischen und Handelsbeziehungen zum Ausland zugestanden worden war. Im Bundeskanzleramt entstand dafür nur wenige Tage später, am 25. November 1949, ein Organisationsbüro für die konsularisch-wirtschaftlichen Vertretungen im Ausland. Mit dessen Leitung wurde auf Vorschlag Blankenhorns der ehemalige Diplomat Wilhelm Haas betraut. Im AA der Wilhelmstraße war Haas 1929 der erste Chef Blankenhorns gewesen; 1937 war er aus rassenpolitischen Gründen aus dem Auswärtigen Dienst entlassen worden und danach bis 1945 in China für die IG Farben tätig gewesen. Seit 1947 war er als Staatsrat des Senats von Bremen ein enger Mitarbeiter des Bremer Bürgermeisters Wilhelm

Kaisen (SPD), in dessen Auftrag er im Organisationsausschuss der Ministerpräsidentenkonferenz mitwirkte und dort für den Organisationsplan eines «Bundesamts für Auswärtige Angelegenheiten» zuständig war. Anton Pfeiffers Kommission im Herbst 1949 hatte Haas bereits angehört. In Adenauers Augen sprach für ihn nicht nur, dass er politisch unbelastet war, sondern auch, dass er der SPD nahe stand, was sich für die bevorstehenden Personalentscheidungen im auswärtigen Bereich als günstig erweisen konnte.

Diese Personalentscheidungen mussten freilich mit den Alliierten abgestimmt werden, die festlegten, wo die Bundesrepublik ihre ersten Außenvertretungen eröffnen konnte – ganz am Anfang standen Konsulate in London, Paris und New York –, und die auch, insbesondere unter vergangenheitspolitischen Kriterien, die Eignung der vom Bonner Organisationsbüro für den Auslandseinsatz vorgeschlagenen Kandidaten überprüften. Die in der sich vergrößernden Bonner Zentrale der Auswärtigen Verwaltung eingesetzten Beamten wurden demgegenüber viel weniger streng überprüft, was dazu beitrug, dass eine Reihe ehemaliger und zum Teil erheblich NS-belasteter Diplomaten den Weg in das entstehende Außenamt fand. Denn aus dem von Haas geleiteten Organisationsbüro und der Verbindungsstelle zur Alliierten Hohen Kommission war durch einen Erlass des Bundeskanzlers im Frühjahr 1950 die «Dienststelle für Auswärtige Angelegenheiten» (im Bundeskanzleramt) entstanden, der auch die Protokollabteilung des Bundeskanzleramts, die im Aufbau befindliche Ausbildungsstätte für Anwärter des Auswärtigen Dienstes und das Deutsche Büro für Friedensfragen angegliedert wurden. Letzteres war bereits zum 1. Dezember 1949 von Stuttgart ins Bonner Kanzleramt verlagert worden. Mit der Bildung der Dienststelle für Auswärtige Angelegenheiten wurde das Büro im Juni 1950 aufgelöst, sein Personal in die Dienststelle übernommen.

Insgesamt hatte die Dienststelle fünf Abteilungen. Aus dem Organisationsbüro übernommen wurde die Abteilung I für Personal und Verwaltung, weiterhin geleitet von Wilhelm Haas; Abteilung II war die Verbindungsstelle zur Hohen Kommission mit Herbert Blankenhorn an der Spitze; die neue Konsularabteilung bildete die Abteilung III. Hinzu trat die Abteilung Protokoll. Vorgesehen waren dazu noch zwei weitere Abteilungen: die Abteilung IV (Handelspolitik), die aus dem Wirtschaftsministerium herausgelöst werden sollte, und eine Kulturabteilung (V). Einen Leiter hatte die Dienststelle zunächst nicht. Zwar lag die Koordination der Abteilungen bei Blankenhorn, aber eine Ernennung des früheren NSDAP-Mitglieds zum Staatssekretär kam 1950 nicht in Frage. Auf diese Position berief Adenauer im August 1950 den Rechtswissenschaftler Walter Hallstein, der allerdings in der folgenden Zeit vor allem für die Verhandlungen der Bundesrepublik auf europäischer Ebene (Montanunion, Europäische Verteidigungsgemeinschaft) zuständig war, was Blankenhorn de facto zum Dienststellenleiter machte. Ohnehin war seine Verbindungsstelle die wichtigste und auch zahlenmäßig größte Abteilung, und Blankenhorns nach wie vor großer Einfluss auf Adenauer stärkte zusätzlich seine Position. In jedem Fall war mit der Dienststelle für Auswärtige Angelegenheiten sowohl organisatorisch wie auch personell die Grundlage für das Auswärtige Amt der Bundesrepublik Deutschland geschaffen, das nach einer weiteren Revision des Besatzungstatuts und einem entsprechenden Kabinettsbeschluss der Bundesregierung am 15. März 1951 errichtet wurde. Denn schon im Vorfeld der Revision hatten die Außenminister der drei Westmächte betont, dass es der Bundesrepublik nach der Revision des Statuts freistehen werde, «ein Außenministerium zu errichten und diplomatische Beziehungen zu ausländischen Staaten aufzunehmen, wo immer dies angebracht erscheint». Erster Bundesaußenminister wurde Bundeskanzler Adenauer selber, der damit noch einmal unterstrich, dass er die von den beiden Imperativen Westintegration und Souveränitätsgewinn geleitete westdeutsche Außenpolitik als seine politische Kernaufgabe ansah. Erst nachdem die Bundesrepublik 1955 ihre Souveränität erhalten und die Politik der Westintegration mit dem NATO-Beitritt ein entscheidendes Ziel erreicht hatte, übergab Adenauer den Posten des Außenministers an seinen politischen Vertrauten, den bisherigen CDU/CSU-Fraktionsvorsitzenden im Bundestag Heinrich v. Brentano.

Als Brentano nach der Bundestagswahl 1961 wieder an die Spitze der Unionsfraktion wechselte, nicht zuletzt weil er mit dem Plan, ihm als Außenminister einen parlamentarischen Staatssekretär aus den Reihen der FDP an die Seite zu stellen, nicht einverstanden war, trat der bisherige Bundesinnenminister Gerhard Schröder (CDU) an seine Stelle. Schröder, der unabhängiger von Adenauer agierte, größeres politisches Gewicht besaß als Brentano und 1963 auch zu den Anwärtern auf die Adenauer-Nachfolge zählte, blieb auch unter Bundeskanzler Ludwig Erhard (1963–1966) Außenminister.

Es war durchaus von symbolischer Bedeutung, dass etwa zeitgleich mit dem Verzicht Adenauers auf das Amt des Außenministers das Auswärtige Amt 1954/55 ein eigenes, neu errichtetes Dienstgebäude an der Koblenzer Straße in Bonn, der späteren Adenauerallee, bezog. Bis dahin war das Außenamt auf verschiedene Standorte der Bundeshauptstadt verteilt gewesen: das Palais Schaumburg, den Amtssitz des Bundeskanzlers, das Museum König, wo 1948 der Parlamentarische Rat eröffnet worden war, die Ermekeil-Kaserne, in der sich später das Bundesverteidigungsministerium befand, und eine Reihe anderer Gebäude, ja zum Teil sogar Hotelzimmer. Der seit 1953 nach Plänen des Berliner Architekten Hans Freese errichtete Bau des AA war ein moderner, funktionaler Verwaltungskomplex, seinerzeit der größte in Deutschland, der die räumliche Konzentration des Amtes an einem Ort ermöglichte.

Anders als in der Bundesrepublik existierte in der DDR von Anfang an ein Außenministerium. Das am Tag der Gründung des ostdeutschen Staates errichtete Ministerium für Auswärtige Angelegenheiten (MfAA) beruhte auf den Planungen einer «Kommission für außenpolitische Fragen» der SED und verfügte wie die gesamte DDR-Regierung nur über äußerst begrenzte Entscheidungsspielräume. So wie die Außenpolitik der DDR insgesamt von der Sowjetunion bestimmt wurde, hatte auch in Personalfragen Moskau das letzte Wort, die SED lediglich ein Vorschlagsrecht. Organisatorisch allerdings glich das Ministerium nicht dem sowjetischen Außenministerium, sondern dem AA der Weimarer Republik. Das passte besser zu dem von Sowjetunion und DDR zunächst noch vertretenen gesamtdeutschen Anspruch. Erst später erfolgte eine Angleichung an das sowjetische Modell. Auf frühere Angehörige des AA der Wilhelmstraße griff man in Ost-Berlin von wenigen Ausnahmen abgesehen nicht zurück; das MfAA rekrutierte seine Mitarbeiter, unter ihnen viele Arbeiter, nach sozialen und politischen Kriterien; gerade in der Frühzeit blieb die fachliche Eignung demgegenüber sekundär. Das fiel allerdings auch deshalb kaum ins Gewicht, weil das Ministerium faktisch eine untergeordnete Behörde war und als «Funktionalorgan der Partei» (Joachim Scholtyseck) lediglich Entscheidungen umzusetzen hatte. Entsprechend schwach, auch in späteren Jahrzehnten, waren die Außenminister der DDR: zunächst die aus den SED-Blockparteien stammenden Georg Dertinger (CDU, 1949–1953) und Lothar Bolz (NDPD, 1953–1965), dann die SED-Minister Otto Winzer (1965–1975) und Oskar Fischer (1975–1990). Die diplomatischen Beziehungen der DDR beschränkten sich zunächst auf die kommunistischen Staaten, erst später, insbesondere nach dem UN-Beitritt von 1973, wuchs das Netz der Auslandsvertretungen. Am Ende ihrer Existenz unterhielt die DDR diplomatische Beziehungen mit 136 Staaten.

Nicht nur in seiner Bezeichnung, sondern auch in seiner Organisationsstruktur orientierte sich das Auswärtige Amt der Bundesrepublik am Amt des Deutschen Reiches. Es gliederte sich in sieben Abteilungen: eine für Personal und Verwaltung (I), die aus der Verbindungsstelle hervorgegangene Politische Abteilung (II), die aus der Konsularabteilung der Dienststelle entstandene Länderabteilung (III), eine Handelspolitische Abteilung (IV), eine Rechtsabteilung (V), eine Kulturabteilung (VI) und das Protokoll (VII). Damit war im Grunde die Struktur des Jahres 1936 wiederhergestellt. Wichtiger aber war die hohe personelle Kontinuität, die sich zwar schon in den Vorläuferorganisationen des neuen Außenamtes abgezeichnet hatte, die aber nun, nach Gründung des Ministeriums und angesichts der Notwendigkeit, innerhalb relativ kurzer Zeit ein weltweites Netz diplomatischer und konsularischer Vertretungen zu errichten, noch stärker wurde. Herbert Blankenhorn und Wilhelm Haas ebneten zahlreichen früheren Kollegen den Weg in das neue Auswärtige Amt. Immer wieder gelang es den beiden, einen skeptischen, ja misstrauischen Adenauer von den ausgewählten Beamten zu überzeugen. Für Haas zählten persönliche Bekanntschaft und einschlägige Erfahrung mehr als andere Faktoren. Dennoch konnte sich der Bremer Staatsrat nur bis Mitte 1951 an der Spitze der Personal- und Verwaltungsabteilung halten. Schon im Vorjahr hatte er einen Aufnahmeausschuss vorgeschlagen, dem auch Vertreter von SPD und Gewerkschaften angehören sollten, um die AA-Personalrekrutierung aus der parteipolitischen Schusslinie zu nehmen. Als er sich wenig später gegen die Übernahme von zwei CDU-Politikern aussprach, war er für Adenauer endgültig untragbar geworden. Sein Nachfolger an der Spitze der Abteilung I wurde Herbert Dittmann, ein mit Blankenhorn befreundeter Wilhelmstraßen-Mann, der zuvor stellvertretender Leiter der Verbindungsstelle zur Hohen Kommission gewesen war. Entscheidend für die Personalrekrutierung für den höheren Dienst blieb freilich Wilhelm Melchers, der schon im Organisationsbüro die Personalabteilung geleitet hatte und in der Abteilung I des Außenamtes nunmehr dem Referat für Personalien des höheren Dienstes vorstand. Es war vor allem seine Rekrutierungspraxis, mitgetragen von Blankenhorn, Haas und später Dittmann, die ehemalige Amtsangehörige gegenüber anderen Bewerbern bevorzugte und viele Wilhelmstraßen-Männer in den höheren Auswärtigen Dienst der Bundesrepublik brachte.

Die personelle Zusammensetzung des entstehenden Auswärtigen Dienstes hatte schon vor der offiziellen Errichtung des Außenministeriums öffentliche Aufmerksamkeit und Kritik auf sich gezogen, und im Herbst 1950 hatte sich ein Bundestagsunterausschuss, der allerdings ausschließlich aus früheren Amtsangehörigen bestand, der Frage angenommen. Zwar wurde vage eine Überprüfung aus dem alten Dienst übernommener Diplomaten empfohlen, aber wirksame Maßnahmen folgten nicht. Eine zunehmend kritische Presseberichterstattung sorgte jedoch dafür, dass die Personalentwicklung des Amtes auf der Bonner Agenda präsent blieb. Vor allem eine umfangreiche, fünfteilige

Artikelserie, die im September 1951 unter dem Titel «Ihr naht euch wieder ...» in der Frankfurter Rundschau erschien, verschaffte der politischen Diskussion neue Nahrung. Michael Mansfeld, der Autor der Serie, berichtete erstaunlich präzise über die Netzwerke ehemaliger Wilhelmstraßen-Diplomaten und die Reintegration belasteter Beamter in den Auswärtigen Dienst der Bundesrepublik. Die Vorwürfe des jungen Journalisten waren so massiv, dass in Bonn gleich zwei Untersuchungen eingeleitet wurden. Bundeskanzler Adenauer initiierte im September 1951 eine dienstrechtliche Untersuchung, mit der der ehemalige Kölner Oberlandesgerichtspräsident Rudolf Schetter beauftragt wurde. Dessen zwei Monate später vorgelegter Bericht warf der Presseberichterstattung einen tendenziösen Charakter vor, entlastete – auf völlig unzureichender Materialbasis (beispielsweise ohne die vorhandenen Personalunterlagen der NSDAP) – die kritisierten Diplomaten und sprach sich gegen die Eröffnung disziplinarrechtlicher Maßnahmen aus. Ein im Oktober 1951 eingesetzter Untersuchungsausschuss des Bundestags, der Untersuchungsausschuss 47, gelangte hingegen zu anderen Ergebnissen. Von insgesamt 21 überprüften Diplomaten des höheren Dienstes betrachtete der Abschlussbericht des Ausschusses aus dem Juni 1952 lediglich fünf als uneingeschränkt für den Auswärtigen Dienst geeignet. In etlichen Fällen sprach sich das Gremium ganz gegen eine Wiederverwendung im AA aus, in anderen Fällen empfahl man, auf eine Entsendung ins Ausland oder die Befassung mit Personalangelegenheiten zu verzichten. Letzteres galt insbesondere für den einflussreichen Personalreferenten Melchers. Umgesetzt wurden die Empfehlungen des Ausschusses, die keine rechtlich bindende Wirkung hatten, indes nur teilweise. Selbst schwer belastete NS-Diplomaten wie der ehemalige Gesandte Werner v. Bargen, der 1942 in Belgien mit Judendeportationen befasst gewesen war, konnten ihre Karriere fortsetzen. Seine Laufbahn endete in den Jahren 1960 bis 1963 als Botschafter in Bagdad. Es ist nicht auszuschließen, dass Bargen zu denjenigen NS-belasteten Diplomaten gehörte, von denen es im Bonner Amt hieß, sie seien im Ausland nur in arabischen Staaten einsetzbar.

Für die Anfangsjahre des AA der Bundesrepublik gilt, dass der Anteil ehemaliger Diplomaten der Wilhelmstraße und auch der Anteil ehemaliger NSDAP-Mitglieder in den höheren Diensträngen größer waren als in den niedrigeren. So kamen schon 1950, in den Vorgängerinstitutionen des Bonner AA, von 137 Angehörigen des höheren Dienstes 61 aus dem alten Amt. Ihr Anteil verringerte sich zwar angesichts des allgemeinen Personalzuwachses und lag 1954 nur noch bei 23 Prozent, zugleich aber stieg die absolute Zahl der höheren Beamten mit Wilhelmstraßen-Vergangenheit bis Ende 1954 auf mehr als 200. Ähnlich war die Situation bei ehemaligen Parteimitgliedern. Zwar sank deren Anteil im höheren Dienst zwischen 1950 und 1954 von 42,3 auf 34 Prozent, ihre Anzahl erhöhte sich jedoch im gleichen Zeitraum von 58 auf 325. Das Bonmot jener Jahre, nach dem Krieg habe es im Auswärtigen Amt mehr Parteigenossen gegeben als vorher, ist vor diesem Hintergrund nicht völlig abwegig, denn 1937 gehörten rund 200 Diplomaten des höheren Dienstes der NSDAP an. In gewisser Weise trägt auch die im Vergleich zu anderen Bundesministerien spätere Gründung des Auswärtigen Amts zur Erklärung der hohen Zahl ehemaliger NSDAP-Mitglieder bei. Denn allgemein war ganz zu Beginn der Bundesrepublik, als die allermeisten Ministerien errichtet wurden und ihr Personal rekrutierten, die Sensibilität gegenüber NS-Belastungen noch deutlich stärker ausgeprägt als schon wenige Jahre später, als nicht zuletzt vor dem Hintergrund der 131er-Gesetzgebung der vergangenheitspolitische Funktionszusammenhang von normativer Abgrenzung von der NS-Vergangenheit und Reintegration von NS-Belasteten breit zu wirken begonnen hatte.

Was bedeutete das hohe Maß an personeller Kontinuität für das Auswärtige Amt und die Außenpolitik der Bundesrepublik? Der junge Staat und seine Politik standen von 1949 an unter internationaler Beobachtung, und die Westmächte übten bis 1955 ein besatzungsrechtlich fixiertes Kontrollregime aus. Skepsis und Misstrauen schwanden nicht angesichts der AA-Personalpolitik und der Skandale, die die Frühgeschichte des westdeutschen Außenamtes kennzeichneten. Standen die westdeutschen Diplomaten, so fragte man, tatsächlich für jene Umkehr, jenen

Wandel deutscher Politik, die Kanzler Adenauer und die Spitzenrepräsentanten der Bundesrepublik auch nach außen vertraten? Wie glaubwürdig, gerade im Ausland, konnte eine neue Politik angesichts der starken NS-Belastung des administrativen Spitzenpersonals sein? Was für Positionen vertraten die führenden westdeutschen Diplomaten, zu deren politischer Grundüberzeugung in der Tradition der Wilhelmstraßen-Diplomatie ein nationales Machtstaatsdenken ebenso gehörte wie eine so gut wie ausschließlich bilateral ausgerichtete Großmachtpolitik? Hatten sie nicht in ihrer großen Mehrheit die Weimarer Demokratie abgelehnt, den Aufstieg des Nationalsozialismus begrüßt und die nationalsozialistische Politik bis hin zu Krieg und Völkermord mit getragen? Würde die Bundesrepublik mit einer derart vorgeprägten und vorbelasteten diplomatischen Elite den Weg finden in die Gemeinschaft westlich-demokratischer Staaten und in die multilateralen Strukturen des atlantischen Bündnisses und der europäischen Integration? Solche Fragen schienen Anfang der 1950er Jahre nur zu berechtigt. Anders als andere Spitzenbeamte, deren Wirken in der Regel auf die Zuständigkeiten ihrer jeweiligen Ressorts innerhalb der Bundesrepublik begrenzt blieb, wirkten die Diplomaten im Ausland, ja mehr noch, sie repräsentierten dort die Bundesrepublik Deutschland, für die die Abkehr vom Nationalsozialismus doch politisch konstitutiv war. Nicht zuletzt deshalb war in den ersten Jahren nach 1951 die Zahl der in der AA-Zentrale eingesetzten Beamten mit NSDAP-Mitgliedschaft oder Wilhelmstraßen-Vergangenheit stets höher als in den deutschen Vertretungen im Ausland, auch wenn dort ein Anteil von etwa 25 Prozent ehemaligen Parteigenossen der ursprünglichen Bonner Ankündigung – auch gegenüber den Alliierten – widersprach, im Ausland gar keine früheren NSDAP-Mitglieder einzusetzen. Dennoch war die Entsendepraxis des Auswärtigen Amts bis mindestens in die 1970er Jahre von vergangenheitspolitischen Erwägungen mitbestimmt, eine Problematik, die sich erst mit dem Eintritt potentiell NS-belasteter Diplomaten in den Ruhestand erledigte.

In einer Kombination aus individuellen und gruppenbezogenen Wandlungs- und Anpassungsprozessen wurde der größte

Teil der ehemaligen Wilhelmstraßen-Diplomaten im Laufe der Jahre zu loyalen Beamten der Bundesrepublik Deutschland, die die Grundlinien der westdeutschen Außenpolitik, vor allem den Primat der Westintegration, uneingeschränkt vertraten. Eine Gefahr für die Politik Adenauers, die der Bundeskanzler gemeinsam mit den Alliierten und insbesondere im Schulterschluss mit den USA durchsetzte, ging von ihnen nicht aus. Anpassung und Loyalität waren – und dessen waren sich sowohl Adenauer als auch die westlichen Regierungen klar bewusst – die Voraussetzung für die Chance einer Fortsetzung der diplomatischen Karriere im Auswärtigen Dienst der Bundesrepublik. Und nach außen hin half neben dem Hinweis auf die erforderliche Professionalität die Legende vom Widerstand aus dem Auswärtigen Amt, half auch die Unterscheidung zwischen den traditionellen Diplomaten der Wilhelmstraße und den Nazi-Diplomaten Ribbentrops, die Kontinuität im Auswärtigen Dienst zu rechtfertigen und gegen Kritik im Inland wie im Ausland zu verteidigen. Das Politische Archiv des AA blieb in diesen Zusammenhängen weit über die Nachkriegsjahrzehnte hinaus ein wichtiger geschichts- und vergangenheitspolitischer Akteur. Dass die Kritik an der AA-Personalpolitik zum Teil auch aus der DDR kam, beispielsweise in Gestalt eines «Braunbuchs» aus dem Jahre 1965, und ideologisch motiviert war, verbesserte im antikommunistischen Klima des Kalten Krieges die Situation der betroffenen Diplomaten eher, als es ihnen schadete. Die Vorwürfe lösten eine Solidarisierung zwischen den persönlich kritisierten Beamten – die Vorwürfe waren faktisch in der Regel korrekt – und ihrer Umgebung im AA aus und luden auf diese Weise den diplomatischen Korpsgeist auch vergangenheitspolitisch auf.

Das war angesichts des starken Wachstums des diplomatischen Personals durchaus von Bedeutung. Innerhalb von zehn Jahren, zwischen 1951 und 1960, stieg die Gesamtzahl aller im Auswärtigen Dienst Beschäftigten von 1184 auf knapp 6000 an. Waren zu Beginn der 1950er Jahre noch 569 Amtsangehörige in der Bonner AA-Zentrale eingesetzt und 615 im Ausland, so stiegen diese Zahlen bis 1958 auf 1558 (Zentrale) und 4045 (Auslandsvertretungen). Gehörten dem höheren Dienst im

Gründungsjahr des neuen Amtes 397 Beamte an, so lag die Zahl der höheren Beamten schon Mitte des Jahrzehnts (1955) bei 945 und im Jahr 1960 bei 1227. Damit waren die Zahlen des alten Amts im letzten Jahr vor dem Krieg bei weitem überschritten, und selbst der aufgeblähte Personalstand der Kriegsjahre war beinahe erreicht. Dahinter stand die rasante Ausweitung eines bald weltumspannenden Netzes von Auslandsmissionen. Den ersten drei Generalkonsulaten in London, Paris und New York folgten rasch weitere Generalkonsulate überall in Westeuropa (mit Ausnahme Spaniens und Portugals) sowie in der Türkei, in Jugoslawien, Indien und einer Reihe lateinamerikanischer Staaten. Die Vertretung deutscher wirtschaftlicher Interessen spielte für die Auswahl der Standorte dieser Missionen ebenso eine Rolle wie die rechtlich-konsularische Betreuung deutscher Staatsbürger (daher die Generalkonsulate in Argentinien oder Brasilien). Schon im Lauf des Jahres 1951 wurde eine Reihe der konsularischen Vertretungen in diplomatische (Botschaften oder Gesandtschaften) umgewandelt, allen voran bei den Alliierten. Anfang 1952 unterhielt die Bundesrepublik 15 diplomatische und 15 konsularische Repräsentationen, und schon im Herbst des gleichen Jahres waren es 30 diplomatische und 25 konsularische Missionen. Die Zahlen stiegen im weiteren Verlauf des Jahrzehnts kontinuierlich an und lagen schließlich 1961 bei insgesamt 175. Damit war sowohl der Stand von 1914 (173) als auch der von 1937 (171) überschritten. Doch das Ende der Entwicklung war damit noch nicht erreicht. Der Prozess der Dekolonialisierung mit der Entstehung einer großen Zahl unabhängiger Staaten nicht zuletzt in Afrika trug genauso zu einer weiteren Steigerung bei wie die in den 1960er Jahren allmählich einsetzende und sich dann im Zuge der Ostpolitik seit Mitte des Jahrzehnts intensivierende Aufnahme von Beziehungen zu den Staaten des Ostblocks (erst Handelsmissionen, dann auch diplomatische Vertretungen). 1971 gab es 190 westdeutsche Auslandsvertretungen, 1989, am Vorabend der deutschen Vereinigung, waren es 205.

Diese enorme Vergrößerung des Auswärtigen Dienstes trug auch zur weiteren Auflösung der politischen und vor allem sozialen Homogenität insbesondere des höheren Dienstes bei, die für die Diplomaten des Kaiserreichs und auch noch der Weimarer Republik typisch gewesen war und die nicht zuletzt in der Dominanz des Adels, die auch nach 1918 anhielt, ihren Ausdruck gefunden hatte. Erst in der NS-Zeit wurde vor allem durch die wachsende Zahl von Quereinsteigern, die nicht mehr aus Adel oder Großbürgertum kamen, die soziale Homogenität gebrochen. Diese Entwicklung setzte sich nach 1951 fort, die Literatur spricht von einer «endgültigen Verbürgerlichung» (Andrea Wiegeshoff). Leistungsorientierung und Öffnungsanspruch verhinderten freilich nicht, dass von den Attachés der Jahre 1950 bis 1962 rund 73 Prozent der oberen Mittelschicht entstammten. Von adeliger Dominanz konnte allerdings nicht mehr die Rede sein, auch wenn der Auswärtige Dienst für Angehörige des Adels weiterhin attraktiv blieb und sich bis heute überproportional viele Adelige (im Vergleich zum Adelsanteil an der Gesamtbevölkerung) im diplomatischen Dienst finden. Wie schon vor 1945 – mit abnehmender Tendenz seit 1933 – waren auch im höheren Auswärtigen Dienst der Bundesrepublik mehr Protestanten als Katholiken. Ausgewogener war das Verhältnis aber zum einen in Spitzenpositionen, bei deren Besetzung gerade in der Ära Adenauer das Kanzleramt seinen Einfluss geltend machte und sehr genau auf den konfessionellen Proporz achtete, zum anderen bei den Attachés, wo bis 1960 immerhin ein Katholikenanteil von knapp 41 Prozent erreicht wurde. Drei Frauen gehörten 1950, noch in der Aufbauphase des AA, dem höheren Dienst an, ein Anteil von 3,7 Prozent. Diese Situation entsprach den Verhältnissen in der westdeutschen Gesellschaft insgesamt. Noch 1966 lag der Frauenanteil im höheren Dienst bei lediglich 7,7 Prozent, und je höher die Posten waren, desto weniger Frauen besetzten sie. Das änderte sich im weiteren Verlauf nur sehr langsam. Verheiratete Frauen blieben die Ausnahme, und erst recht bedeutete eine Ehe zwischen zwei Diplomaten in aller Regel das Karriereende für die Frau. Noch lange Zeit, weit über die Nachkriegsjahrzehnte hinaus, wurden Frauen im Auswärtigen Dienst deutlich langsamer befördert als ihre männlichen Kollegen. Mit solchen Befunden stand – und steht – das Auswärtige Amt freilich nicht allein.

Rekrutierung und Ausbildung des diplomatischen Nachwuchses waren in der Entwicklung des bundesrepublikanischen Außenamts von Anfang an von großer Bedeutung. Innerhalb kürzester Zeit musste geeignetes Personal für den Auswärtigen Dienst gewonnen werden. So gelangten Quereinsteiger in den Dienst, denen mitunter nicht nur die nötige Qualifikation fehlte, sondern die später auch den Aufstieg jüngerer Diplomaten blockierten, die die Attachéausbildung des Amtes durchlaufen hatten. Erste «Notlehrgänge», die nur wenige Monate dauerten, wurden schon 1950/51 durchgeführt, um rasch die neuen Auslandsvertretungen besetzen zu können. Verantwortlich für die Ausbildung war Peter Pfeiffer, ein Wilhelmstraßen-Mann, der mit seinen ehemaligen Kollegen und insbesondere Herbert Blankenhorn gut vernetzt war und mit diesen zusammen die Diplomatenausbildung konzipierte. Eine eigene Attachéausbildung für den höheren Dienst war in der Geschichte des Amtes ein Novum. In der Weimarer Zeit und zu Beginn des Nationalsozialismus konstituierten ein abgeschlossenes Studium, zumeist Jura, Verwaltungserfahrung und Praxis im Amt selbst, verbunden mit einer Abschlussprüfung, die Ausbildung. Später im Dritten Reich war zwar ein «Nachwuchshaus» mit entsprechenden Ausbildungsfunktionen geplant worden, der Krieg hatte jedoch die Umsetzung verhindert. Nach den ersten Lehrgängen im Bonner Amt legte eine Ausbildungs- und Prüfungsordnung die Dauer der Ausbildung (für den höheren Dienst) auf drei Jahre fest, für Bewerber mit abgeschlossenem Jura-Studium auf zunächst ein, später zwei Jahre. Die theoretische Ausbildung, bis 1955 in Speyer, danach in Bonn (ab 1977 in einer eigens für den Auswärtigen Dienst errichteten Aus- und Fortbildungsstätte), hatte drei Schwerpunktbereiche: Geschichte und Politik, internationales Recht und Volkswirtschaft. Hinzu trat der Sprachunterricht, vor allem in Englisch und Französisch. Innerhalb der Bereiche veränderten sich im Laufe der Jahrzehnte die Ausbildungsinhalte, wurden an aktuelle Entwicklungen angepasst. Die Grundstruktur jedoch blieb erhalten.

Aber die Ausbildung sollte nicht nur Wissen vermitteln. Der Internatscharakter der Lehrgänge sollte innerhalb der «Crews», bei den jeweiligen Teilnehmern eines Lehrgangs, ein Zusammengehörigkeitsgefühl erzeugen und auf diese Art und Weise auch eine neue Form von Korpsgeist schaffen. Dahinter stand die Idee eines möglichst homogenen Dienstes, wobei die erstrebte Homogenität unter den Bedingungen einer pluralistischen Gesellschaft und einer freiheitlich-demokratischen Staatsordnung nicht mehr sozial oder politisch bestimmt sein konnte. Das galt primär für den höheren Dienst, wurde jedoch rasch auch auf die anderen Laufbahngruppen übertragen, deren Ausbildung das Auswärtige Amt seit Mitte der 1950er Jahre in eigener Regie übernahm. Das Ausbildungsmonopol des AA wurde seither immer wieder kritisiert, und gelegentlich, zum Beispiel Ende der 1960er Jahre, gab es Versuche, die Diplomatenausbildung mit der Ausbildung der Angehörigen anderer Bundesbehörden zu verschmelzen. Am Ende jedoch behielt das Amt die Hoheit bei der Rekrutierung und Ausbildung seines Nachwuchses. Das lag an den Spezifika des diplomatischen Dienstes, es lag – und liegt – aber auch am institutionellen Selbstverständnis eines Ministeriums, zu dem sein Traditionsbewusstsein ebenso zählt wie sein politisches Gewicht und das Distinktionsbedürfnis seiner Beamten. Das Auswärtige Amt blieb eine Behörde ganz eigener Art. Darauf deutete die Bezeichnung Auswärtiges Amt ebenso hin wie die weiterhin verwandten Dienstrangbezeichnungen, durch die man sich von der übrigen Ministerialbürokratie unterschied. Hinter diesen Äußerlichkeiten stand das Selbstbild einer homogenen Behörde, das sich vor dem Hintergrund eines fundamentalen Gestaltwandels von Außenpolitik und Diplomatie in der Welt nach 1945 und angesichts einer befürchteten Marginalisierung und eines zum Teil auch eintretenden Bedeutungsverlusts traditioneller Diplomatie noch einmal verstärkte und nach Anerkennung strebte.

Diese Entwicklungen blieben nicht auf den Auswärtigen Dienst der Bundesrepublik beschränkt. Die Veränderungen im internationalen System und der Gestaltwandel von Außenpolitik betrafen diplomatische Dienste weltweit, auch die Außenministerien der großen europäischen Staaten, mit denen sich das Bonner Amt verglich. Das internationale System war nun durch den Ost-West-Konflikt und die sich aus ihm ergebende amerikanisch-sowjetische Doppelhegemonie bestimmt, die Zeit eines von den europäischen Mächten bestimmten Staatensystems war endgültig zu Ende. Zu Ende war damit auch die Epoche der autonomen nationalen Machtstaaten, eine in Deutschland seit Gründung des Kaiserreichs besonders stark ausgeprägte politische Denkfigur, in der Außenpolitik und Diplomatie von der Vorstellung uneingeschränkter nationaler Souveränität und Handlungsautonomie geleitet waren. In den sich nach 1945 herausbildenden Strukturen internationaler Politik verloren die rein bilateralen Beziehungen an Bedeutung, multilaterale Systemstrukturen gewannen an Gewicht. Das galt für die sich herausbildende atlantische Gemeinschaft mit ihrer Ausrichtung auf die Hegemonialmacht USA ebenso wie für den schon in den 1940er Jahren einsetzenden, sich jedoch seit den 1950er Jahren dynamisierenden Prozess der europäischen Einigung, der zwar immer wieder Krisen und Rückschläge zu verzeichnen hatte, der aber dennoch die Außenpolitik der westeuropäischen Staaten, zu denen sich auch die Bundesrepublik rechnen durfte, multilateralisierte, zum Teil sogar supranationalisierte, und bilaterale Beziehungen, beispielsweise zwischen der Bundesrepublik und Frankreich, multilateral rahmte.

Dieser Strukturwandel des internationalen Systems erforderte nicht einen Verzicht auf die Entwicklung und Verfolgung nationaler Interessen, doch wurde die Absolutsetzung einzelstaatlicher Interessen allmählich ersetzt durch einen «Primat der verflochtenen Interessen» (Christian Hacke). Auf die Praxis der Diplomatie blieb das nicht ohne Wirkung, und nicht nur im deutschen Falle erforderte es individuelle und institutionelle Lernprozesse und Anpassungsleistungen. «Wir müssen alle etwas umlernen», betonte AA-Staatssekretär Rolf Lahr 1962 auf einer Botschafterkonferenz mit Blick auf die europäische Integration und die sich daraus ergebende Notwendigkeit einer Abstimmung der europäischen Diplomaten, «weil der Sinn der Europäischen Gemeinschaft der ist, dass nun das Nationale zurücktreten soll ... hinter dem europäischen Gedanken». Gerade für die junge Bundesrepublik lagen in den sich herausbildenden europäischen und transatlantischen Strukturen, die ja auf einer prinzipiellen Gleichberechtigung aller beteiligten Staaten basierten, Möglichkeiten des Wiederaufstiegs und Statusgewinns, und Adenauers Politik der Westintegration war auch von dieser Prämisse bestimmt. Für die westdeutschen Diplomaten, insbesondere die ehemaligen Angehörigen der Wilhelmstraße, bedeutete das nicht nur einen Abschied von älteren diplomatischen Traditionen und Praktiken, sondern auch die allmähliche Transformation früherer politisch-ideeller Orientierungsmuster. Dazu gehörte eine durch den Antikommunismus des Kalten Krieges erleichterte, zunächst politische und stark auf die USA ausgerichtete Westorientierung, die aber im Laufe der Zeit auch ideell wirksam wurde und den Wandel politischer Ordnungsvorstellungen, einer traditionell deutschen Staats- und Obrigkeitsfixierung beispielsweise, einschloss. Auf Posten im westlichen Ausland und in den permanenten und intensiven Kontakten mit den Repräsentanten westlicher Staaten wurden deutsche Diplomaten zu wichtigen Agenten der Verwestlichung. Die offene nationale Frage, die Frage der deutschen Teilung, blieb gleichwohl auf der diplomatischen Agenda, und das Ziel der Wiedervereinigung war der Politik der Bundesrepublik, auch ihrer Außenpolitik, durch die Präambel des Grundgesetzes vorgegeben. Aber weder war dieses Ziel unter den Bedingungen des Ost-West-Konflikts und angesichts der nationalsozialistischen Vergangenheit durch eine aggressive Revisionspolitik im Stil der Zwischenkriegszeit zu erreichen, noch hatten nationalneutralistische Konzepte oder Vorstellungen einer Brückenfunktion eines vereinigten Deutschlands zwischen Ost und West, die von einzelnen Diplomaten in den 1950er Jahren durchaus noch vertreten wurden, irgendeine Realisierungschance. Im Amt gab es breite Unterstützung für die «neue Ostpolitik» der sozialliberalen Koalition, die Anerkennung der DDR und der Zweistaatlichkeit und die Akzeptanz der Oder-Neiße-Linie als polnische Westgrenze. Das Auswärtige Amt und der größte Teil der westdeutschen Diplomaten standen hinter der von Bundeskanzler

Willy Brandt und Außenminister Walter Scheel (FDP) betriebenen Entspannungspolitik, die im deutschen Fall zugleich eine Politik der Aussöhnung, insbesondere mit Polen, war.

Die Außenpolitik der Bundesrepublik war nicht nur in ihrer Frühphase – das wurde in der Zeit der Ostpolitik um 1970 nur noch einmal besonders klar erkennbar – Außenpolitik im Schatten der nationalsozialistischen Vergangenheit. Und weil die Bundesrepublik in der internationalen Gemeinschaft an ihrem Umgang mit dieser Vergangenheit gemessen wurde, war das Thema Nationalsozialismus ein integraler Bestandteil westdeutscher Diplomatie und im diplomatischen Alltag omnipräsent. Kaum eine außenpolitische Frage hatte keine vergangenheitspolitischen Bezüge, und über viele Jahre hinweg gehörten Wiedergutmachungs- oder Entschädigungsfragen zu zentralen Aufgabenbereichen deutscher Auslandsvertretungen weltweit. Angesichts der NS-Belastung von Teilen des höheren diplomatischen Personals erforderte das besondere Sensibilität nicht zuletzt in Personalfragen, und jede Beförderung, jede Entsendung eines neuen Botschafters wurde vergangenheitspolitisch genau geprüft. Dass die zwischen 1953 und 1970 im AA angesiedelte Zentrale Rechtsschutzstelle (ZRS) NS-Tätern half, sich der Strafverfolgung zu entziehen, verhinderte das nicht. Aber nicht nur in die Personalpolitik des Amtes wirkte die NS-Vergangenheit hinein, die westdeutsche Diplomatie insgesamt war von dem Ziel der «moralischen Rehabilitierung» der Deutschen bestimmt, wie es Alexander Böker, ein in den 1950er Jahren neu in den Auswärtigen Dienst gelangter Spitzendiplomat, formulierte. Dieser Imperativ trug auch zur Herausbildung eines neuen diplomatischen Stils bei, zu einer «Haltung der Zurückhaltung» (Johannes Paulmann), nicht zuletzt in den multilateralen Gremien der westlichen Welt, in die die Bundesrepublik immer stärker einbezogen wurde. Eine auftrumpfende, aggressive Diplomatie, deutsche Superioritätsansprüche oder Unilateralismen waren ausgeschlossen; sofort wäre der den Deutschen gewährte Vertrauensvorschuss verspielt gewesen. Sicher, die Diplomaten der Bundesrepublik vertraten auch deutsche Interessen, und die auswärtigen Beziehungen der Bundesrepublik waren keineswegs konfliktfrei, doch der diplomatische Stil hatte sich verändert. Auch gewannen vor diesem Hintergrund Bereiche von Außenpolitik und Diplomatie an Bedeutung, die früher allenfalls eine marginale Rolle gespielt hatten. Dazu gehörte die auswärtige Kulturpolitik, deren wachsende Bedeutung in der westdeutschen Außenpolitik und Diplomatie sich auch aus vergangenheitsbezogenen Motiven speiste. Kulturelle Repräsentation diente der deutschen Selbstdarstellung, der Darstellung eines anderen, eines friedlichen und demokratischen Deutschland.

Aber auch die Entwicklungspolitik bildete einen an Bedeutung gewinnenden Schwerpunkt diplomatischer Aktivität. Die westdeutsche Entwicklungspolitik war einerseits bestimmt von den Dynamiken des Kalten Kriegs und der ost-westlichen Konkurrenz in der «Dritten Welt»; andererseits wirkten spezifisch deutsche Faktoren auf sie ein: ökonomische Interessen, vor allem jedoch bis zur Anerkennung der DDR zu Beginn der 1970er Jahre deutschlandpolitische Positionen, insbesondere die Durchsetzung des Alleinvertretungsanspruchs. Dass Deutschland im Gegensatz zu den anderen europäischen Kolonialmächten seine Kolonien bereits mit dem Ersten Weltkrieg verloren hatte, war für die westdeutsche Außenpolitik durchaus von Vorteil. Die Bundesrepublik war nicht in koloniale Konflikte beziehungsweise in konfliktbeladene Dekolonialisierungsprozesse involviert und konnte daher in vielen Entwicklungsländern eine starke Präsenz und beträchtliches Gewicht entwickeln. So sehr stieg die Bedeutung der Entwicklungsländer und der Entwicklungspolitik in der Bonner Wahrnehmung an, dass nach der Bundestagswahl 1961 ein eigenes Entwicklungshilfeministerium, das Ministerium für wirtschaftliche Zusammenarbeit (BMZ), gebildet wurde. Das Auswärtige Amt war zwar weiter an der Entwicklungspolitik beteiligt, musste aber dennoch Kompetenzen an das neue Ministerium abgeben. Immer wieder ist seither in verschiedenen Bundesregierungen das BMZ als kleines Außenministerium betrachtet worden, und trotz der grundsätzlichen außenpolitischen Dominanz des Auswärtigen Amts entwickelte sich eine zumindest sektorale Konkurrenzsituation, die noch dadurch verschärft wurde, dass in den verschiedenen Regierungskoalitionen seit 1961 der Entwicklungshilfeminister oftmals einer anderen Partei angehörte als der Außenminister.

Hinter dieser speziellen Konstellation verbirgt sich freilich eine allgemeinere Entwicklung. Wenn auswärtige Beziehungen nicht mehr ausschließlich oder überwiegend politische Beziehungen im traditionellen Sinne sind, sondern sich auf immer weitere Felder ausdehnen, dann berührt das auch den Dominanz- oder sogar Monopolanspruch der Außenministerien auf dem Gebiet der Außenbeziehungen, und konkurrierende Institutionen gewinnen an Gewicht. Das gilt für wirtschaftliche Fragen und insbesondere die außenwirtschaftspolitischen Zuständigkeiten des Wirtschaftsministeriums, es gilt aber auch, gerade in der Zeit nach 1945, für die internationale Sicherheitspolitik, wo in der Bundesrepublik seit 1956 mit dem Bundesverteidigungsministerium ein zusätzlicher Akteur in einem Kernbereich von Außenpolitik entstanden ist. Und immer wieder haben in der Geschichte der Bundesrepublik auch auf diesem Feld koalitionspolitische Gegebenheiten das Verhältnis zwischen den beiden Ministerien bestimmt. Solchen Erwägungen verdankte sich auch die Einführung eines Parlamentarischen Staatssekretärs im Auswärtigen Amt. Bei der Regierungs- und Koalitionsbildung von CDU/CSU und FDP 1961 erstmals diskutiert, etablierte die Große Koalition aus Union und SPD sechs Jahre später, 1967, das Amt des Parlamentarischen Staatssekretärs, das bis 1969 in allen Bundesministerien eingeführt wurde. Mit der neuen Position erhöhte sich die Anzahl der Regierungsposten, die von den Koalitionspartnern besetzt werden konnten. Zusammen mit dem Bundesfinanzministerium erhielt das AA 1972 sogar einen zweiten Parlamentarischen Staatssekretär. Seit 1974 heißen die Parlamentarischen Staatssekretäre im AA in Angleichung an internationale Usancen Staatsminister. Zumeist wird ihnen im Ministerium die Zuständigkeit für bestimmte Aufgaben übertragen. Ihre Amtszeit ist an die des jeweiligen Ministers gekoppelt. Für die beamteten Staatssekretäre, diplomatische Laufbahnbeamte, gilt das nicht, obwohl es in der Folge von Ministerwechseln zu Umbesetzungen kommen kann. Schon 1960 wurde ein zweiter Staatssekretärsposten geschaffen, nachdem sich die kurzzeitige Einführung zweier Unterstaatssekretäre nicht bewährt hatte.

Ein gewichtiger außenpolitischer Akteur war in der Bundesrepublik stets das Bundeskanzleramt. Diese Entwicklung begann schon in der Gründungsphase der Bundesrepublik, als Konrad Adenauer die Außenbeziehungen der Bundesrepublik und insbesondere die Kontakte zu den Alliierten bei sich selbst im Kanzleramt ansiedelte und diese Konstellation dadurch verstetigte und strukturbildend fortführte, dass er 1951 das Amt des Außenministers selbst übernahm. Alle Bundeskanzler der Bundesrepublik waren außenpolitisch aktiv und ambitioniert: nach Konrad Adenauer besonders Willy Brandt und Helmut Schmidt ebenso wie Helmut Kohl, Gerhard Schröder und Angela Merkel. Das führte immer wieder zu Spannungen zwischen dem Bundeskanzleramt und dem AA, das seine außenpolitischen Zuständigkeiten verteidigte. Auch gegenüber anderen Ministerien erwies – und erweist – sich das allerdings angesichts einer längst nicht mehr möglichen klaren Trennung von Außen- und Innenpolitik als immer schwieriger. Die Globalisierung und die mit ihr eng verbundene Entnationalisierung, die Relativierung des klassischen Territorialstaats, tragen dazu ebenso bei wie die sich intensivierende europäische Integration. Europapolitik ist längst keine reine Außenpolitik mehr, sondern wirkt tief in die einzelnen Staaten und Gesellschaften hinein, so dass alle Ministerien mit ihren jeweiligen Zuständigkeiten zu europapolitischen Akteuren geworden sind. Und die europapolitischen Leitungs- und Koordinationsaufgaben liegen mindestens so sehr beim Bundeskanzleramt wie beim AA. Konflikte können sich noch dadurch verschärfen, dass Bundeskanzler und Außenminister in den deutschen Koalitionsregierungen seit 1966 unterschiedlichen Parteien angehören und daher auch koalitionspolitische Dynamiken und zum Teil divergierende politische Positionen vertreten. Die lange Amtszeit des FDP-Außenministers Hans-Dietrich Genscher in den Regierungen der Kanzler Schmidt und Kohl (1974–1992) bietet dafür ebenso Beispiele wie die Jahre, die Joschka Fischer, der erste grüne Außenminister, an der Spitze des Amtes stand, und nach der Jahrhundertwende die Amtszeiten der Minister Steinmeier (SPD) und Westerwelle (FDP) in den von Bundeskanzlerin Merkel geführten Regierungen.

Der außenpolitische Primat des Auswärtigen Amts, den es in reiner Form ohnehin nie gegeben hat, hat sich in angesichts dieser Konstellationen aufgelöst. Die auswärtigen Beziehungen der Bundesrepublik Deutschland haben sich über die Jahrzehnte zu einem Feld entwickelt, auf dem zahlreiche Akteure vertreten sind. Zu diesen gehören nicht nur andere Ministerien und das Kanzleramt, sondern auch außenpolitische Expertenzirkel und *Thinktanks* wie die Deutsche Gesellschaft für Auswärtige Politik (DGAP) oder die Stiftung Wissenschaft und Politik (SWP), gegen deren Errichtung in den 1950er und 1960er Jahren sich manche Spitzendiplomaten noch zur Wehr setzten, weil sie ein derartiges außenpolitisches Forschungs- und Beratungsinstitut lieber innerhalb des eigenen Hauses angesiedelt gesehen hätten. Die Gründung des AA-Planungsstabs 1963, heute zentrale Institution im Leitungsbereich, ist auch vor diesem Hintergrund zu sehen. Da schwangen noch traditionelle, in Deutschland lange wirksame Ideen eines Primats der Außenpolitik mit, Vorstellungen einer Außenpolitik, die über den Parteien stehen, dem Parteienstreit entzogen sein müsse, wenn sie dem nationalen Interesse dienen wolle. Doch das Auswärtige Amt konnte die Zunahme außenpolitischer Akteure nicht verhindern. In einer pluralistischen Gesellschaft konnte es kein außenpolitisches Monopol geben. Außenpolitik demokratisierte sich auch dadurch. Immer stärker wurde auch das Parlament ein Ort, an dem Außenpolitik kontrovers debattiert wurde, an dem aber allmählich auch unterschiedliche außenpolitische Positionen für legitim gehalten und entsprechend respektiert wurden.

Von einer «Entmachtung des Diplomaten» sprach AA-Staatssekretär Georg Ferdinand Duckwitz 1969. Nicht wenige Diplomaten mögen die Entwicklungen seit 1945 als Bedeutungsverlust wahrgenommen haben. Aber es handelte sich um einen Bedeutungswandel, einen Gestalt- und Funktionswandel der Diplomatie und damit auch der Außenministerien überall, der freilich für das Selbstverständnis und das Selbstbild von Diplomaten und für ihr Berufsprofil nicht ohne Wirkung bleiben konnte. Gerade für die höheren Beamten gilt, dass aus politischen Repräsentanten mit beträchtlichen eigenen Handlungsspielräumen und großer Selbständigkeit in immer stärkerem Maße Vertreter mit Beobachtungs–, Informations- und Koordinationsfunktionen geworden waren. Zu dieser Transformation hatten Entwicklungen im Kommunikationsbereich entscheidend beigetragen. Der Austausch zwischen Politikern war schneller und einfacher geworden. Vor allem aber hatte die rasante Entwicklung des Flugverkehrs Distanzen schrumpfen lassen. Direkte Politikerbegegnungen, ganz gleich, ob bilateral oder multilateral, ließen sich immer leichter organisieren. Von Bonn aus waren alle europäischen Hauptstädte binnen weniger Stunden zu erreichen, das ermöglichte selbst kurze Treffen von Regierungschefs oder Ministern, und auch interkontinentale Flüge wurden zunehmend zur Selbstverständlichkeit.

Es war vor diesem Hintergrund auch das Interesse der Diplomaten selbst, die professionelle Transformation in der Organisation und den Strukturen des Auswärtigen Dienstes angemessen abzubilden. Die intensiven Reformbemühungen, die im Auswärtigen Amt in den 1960er Jahren in Gang kamen, zielten, sosehr sie politisch motiviert waren, auch in diese Richtung. Ähnliche Entwicklungen gab es auch in anderen Staaten, in Großbritannien beispielsweise, wo eine Regierungskommission 1965 Vorschläge für eine institutionelle Reform des britischen *Foreign Office* angesichts des Zerfalls des Empire unterbreitete. In der Bundesrepublik verbanden sich die Reformideen mit breiteren gesellschaftlichen Diskussionen über eine Effizienzsteigerung der öffentlichen Verwaltung. Noch ein Jahrzehnt zuvor war eine Reformdiskussion im Sande verlaufen. Angestoßen im Wesentlichen von Vertretern der Opposition, ging es damals nicht zuletzt um die feste Verankerung des Auswärtigen Dienstes im demokratischen Institutionengefüge der Bundesrepublik. In diesem Zusammenhang war erstmals auch die Verabschiedung eines eigenen Gesetzes über den Auswärtigen Dienst diskutiert worden. Zehn Jahre später bezog die Regierung der Großen Koalition, die 1966 mit einer umfassenden politischen und gesellschaftlichen Reformagenda angetreten war, den Auswärtigen Dienst in ihre Reformüberlegungen von Anfang mit ein. Während der Bundeskanzler und wichtige Minister wie der Finanz- und der Innenminister die Reform des diplomatischen Dienstes mit einer allgemeinen Vereinheitlichung und Modernisierung der Bundesverwaltung verbinden wollten, sperrte sich das Auswärtige Amt mit Außenminister Willy Brandt an der Spitze gegen ein solches Vorgehen. Die Reform im AA müsse angesichts der besonderen Aufgaben und Strukturen des Auswärtigen Dienstes getrennt von anderen Verwaltungsreformen durchgeführt werden. Das Argument von den Spezifika des Auswärtigen Dienstes war keineswegs aus der Luft gegriffen, aber es verband sich mit dem traditionellen Eigenbewusstsein der Diplomaten, das angesichts des Gestaltwandels internationaler Politik und der damit verbundenen Funktionsveränderung der Diplomatie erschüttert schien und deshalb eine neue, womöglich sogar gesetzliche Begründung anstrebte.

Unter der Leitung von Hans v. Herwarth, einem gerade in den Ruhestand gegangenen Spitzendiplomaten, trat im September 1968 eine Reformkommission für den Auswärtigen Dienst zusammen, der nicht nur Vertreter der Parteien, sondern auch Repräsentanten anderer Behörden und Organisationen angehörten. 1971 legte die Kommission ihren Abschlussbericht vor. Mit ihm verabschiedete sich der Auswärtige Dienst offiziell von einem traditionellen Verständnis von Diplomatie. Bemerkenswert ist freilich, dass nicht die Entwicklung der internationalen Politik den Ausgangspunkt des Dokuments bildete, sondern innerstaatliche und innergesellschaftliche Wandlungsprozesse: Das Verhältnis von Staat und Gesellschaft habe sich grundlegend geändert. «Staatliche Gestaltung erfasst heute fast alle Bereiche der Gesellschaft. Umgekehrt ist das politische Gewicht gesellschaftlicher Gruppen eines der wesentlichen Elemente staatlichen Lebens geworden. ... Wahrnehmung außenpolitischer Interessen bedeutet damit nicht mehr allein den Verkehr von Regierung zu Regierung im klassischen Sinne der Diplomatie. Sie hat heute alle politisch wirksamen Kräfte und gesellschaftlichen Formierungen einzubeziehen.» Mit dem Bericht der Herwarth-Kommission war der Auswärtige Dienst nunmehr offiziell in der freiheitlichen Demokratie der Bundesrepublik angekommen, in die er seit 1951 langsam hineingewachsen war. Nun hatte er sein Selbstverständnis den politischen Strukturen einer pluralistischen Gesellschaft angepasst, so wie sie sich in Westdeutschland nach 1945 allmählich entwickelt hatte. Die zeithistorische Forschung hat in den letzten Jahren den breiten Durchbruch gesellschaftlicher und politischer Liberalisierung in der Bundesrepublik in den 1960er Jahren angesiedelt. Die Entwicklung des Auswärtigen Amtes und des Selbstverständnisses des Auswärtigen Dienstes, so wie sie sich im Bericht der Reformkommission spiegeln, bestätigt diesen Befund. Dass die Herwarth-Kommission dem Auswärtigen Amt nach wie vor eine Vorrangstellung in der Pflege der Auswärtigen Beziehungen zuwies, widerspricht dem nicht. Deutlich grenzte man das Amt von konkurrierenden Institutionen ab und entwickelte aus dieser Abgrenzung den fortgesetzten Anspruch auf ein besonderes Dienstrecht und eine autonome Gestaltung der Rekrutierung und Ausbildung diplomatischen Personals.

Um ihre Vorschläge zu bündeln und die Chance ihrer Umsetzung zu erhöhen, empfahl die Reformkommission auch 1971 nochmals ein Gesetz über den Auswärtigen Dienst. Dazu kam es jedoch zunächst nicht. Zwar wurden einzelne organisatorische Veränderungen vorgenommen, aber die insgesamt fünf Berichte in dieser Sache, die die Bundesregierung zwischen 1974 und 1985 dem Bundestag vorlegte, zeigen, dass die Reform eher schleppend verlief. In parteiübergreifendem Konsens forderte der Bundestag daher 1988, 17 Jahre nach den Empfehlungen der Reformkommission, die Bundesregierung auf, noch in der laufenden Legislaturperiode ein Gesetz über den Auswärtigen Dienst vorzubereiten. Zwei Jahre später, am 31. Mai 1990, verabschiedete der Bundestag dieses Gesetz mit den Stimmen aller Fraktionen. Es besteht vor allem aus dienstrechtlichen und organisatorischen Regelungen – von der Bildung einer Personalreserve über die Ausbildung bis hin zu Besoldungsfragen und der Verbesserung der Situation von Ehepartnern und Kindern. Im ersten Teil des Gesetzes jedoch wurden die Aufgaben des Auswärtigen Dienstes festgelegt, allen voran die Wahrnehmung und Pflege der Außenbeziehungen der Bundesrepublik Deutschland. Ferner solle der Dienst die Tätigkeiten von staatlichen und anderen öffentlichen Institutionen im Ausland beziehungsweise im Zusammenhang mit außenpolitischen Beziehungen koordinieren, um, so ein aus dem Auswärtigen Amt selbst stammender Gesetzeskommentar, «schädliches Nebeneinander und falsche Prioritätensetzung» zu verhindern. Das Gesetz schuf also erstmals in der Geschichte des Auswärtigen Amts einen gesetzlichen Rahmen für die Entwicklung des Auswärtigen Dienstes, aber es bestätigte zugleich den Sonderstatus des Auswärtigen Amts in der Verwaltung des Bundes, was für das institutionelle Selbstverständnis der Behörde genauso wichtig war wie für das Selbstbild und die Selbstwahrnehmung ihrer Angehörigen.

Das Ende des Ost-West-Konflikts und die deutsche Vereinigung waren auch eine Stunde der Außenpolitik. Doch zugleich unterstrichen die dramatischen Entwicklungen der Jahre 1989/90 noch einmal, dass Außenpolitik keine Sache des Auswärtigen Amts allein war. Die Konkurrenz zwischen den außenpolitischen Stäben des Bundeskanzleramts und dem Auswärtigen Amt war mitunter heftig, und die deutsche Politik entwickelte sich nicht durchgehend im Gleichklang zwischen Bundeskanzler Kohl und Außenminister Genscher.

In den Jahren nach 1990 entstanden durch die Auflösung der Sowjetunion, durch den Zerfall Jugoslawiens und die Spaltung der Tschechoslowakei eine Reihe neuer Staaten, in denen die Bundesrepublik rasch diplomatische, zum Teil konsularische Vertretungen errichtete. Auch wurden einige Vertretungen der DDR übernommen. Insgesamt 37 neue Auslandsmissionen wurden zwischen 1989 und 1996 eröffnet. Aber auch in der Amtszentrale kam es in Folge des internationalen Umbruchs zu strukturellen Veränderungen nicht zuletzt im Zusammenhang mit der wachsenden Bedeutung des östlichen und südöstlichen Europas. Diese Entwicklungen führten zu einem weiteren Anstieg der Beschäftigtenzahlen im Auswärtigen Dienst, die allerdings schon in den letzten beiden Jahrzehnten vor 1989 von 6370 im Jahr 1971 auf 7086 im Jahr 1988 angewachsen waren. Die Zahl der höheren Beamten war in diesem Zeitraum von

1253 auf 1414 gestiegen. 1990 wurden 466 neue Stellen bewilligt, 104 davon im höheren Dienst. Aus dem 1990 aufgelösten Ministerium für Auswärtige Angelegenheiten der DDR wurde kaum Personal übernommen, knapp 100 Angehörige des ostdeutschen diplomatischen Dienstes waren es schließlich, darunter nicht einmal zehn Prozent höhere Beamte. Doch der personelle Zuwachs im AA endete damit nicht. Insgesamt stieg die Zahl der Beschäftigten bis zum Jahr 2000 auf 9063. 2475 davon waren im Inland, also vor allem in der AA-Zentrale eingesetzt, 6588 im Ausland. Dem höheren Dienst gehörten im Jahr 2000 1746 Beamte an, fast zwei Drittel davon waren in den 215 Auslandsvertretungen, darunter 141 Botschaften, eingesetzt. Bis Ende 2012 ist die Zahl der Auslandsmissionen auf 229 angewachsen, die Zahl der Amtsangehörigen hat sich jedoch nicht weiter erhöht, sondern ist in der Folge von Sparzwängen und Budgetkürzungen leicht zurückgegangen. Die Zahl der im Auswärtigen Dienst beschäftigten Frauen ist weiter gewachsen, im mittleren und gehobenen Dienst stärker als im höheren. Dieser blieb weiter eine Männerbastion mit 1989 nur etwa zehn Prozent Frauen, ein Anteil, der bis zum Jahr 2000 auf rund 15 Prozent stieg. In den Spitzenpositionen des höheren Dienstes sind Frauen noch schlechter repräsentiert. Ende des 20. Jahrhunderts besetzten Frauen weniger als zehn Prozent aller Botschafterposten. Immerhin wurde 2011 erstmals eine Frau – Emily Haber – zur Staatssekretärin ernannt. Mit dem Umzug der Bundesregierung von Bonn nach Berlin 1999 verlegte auch das AA seinen Sitz in die Hauptstadt. Neuer Dienstsitz wurde das ehemalige Gebäude der Reichsbank am Werderschen Markt, in dem bis 1989 das Zentralkomitee der SED untergebracht war. Das riesige Gebäude wurde umgebaut und durch einen modernen Erweiterungsbau ergänzt, um allen Angehörigen der AA-Zentrale Platz zu bieten. Nur wenige, vor allem technische Mitarbeiter verblieben in der «Dienststelle Bonn». Die Abteilungsstruktur des Amtes hat sich über die Jahre hinweg immer wieder verändert, wenn auch nicht grundlegend, und ausdifferenziert. Heute existieren zehn Abteilungen: zwei Politische Abteilungen, die Europaabteilung, die Abrüstungsabteilung, die Abteilung für Vereinte Nationen und globale Fragen, die Wirtschaftsabteilung, die Abteilung Kultur und Kommunikation, die Rechtsabteilung, die Zentralabteilung und das Protokoll.

Im Jahr 2013 befindet sich das Auswärtige Amt der Bundesrepublik Deutschland im siebten Jahrzehnt seines Bestehens. Das Auswärtige Amt des Deutschen Reiches existierte zwischen seiner Gründung 1871 und dem Ende seiner Tätigkeit 1945 in drei politischen Systemen nur wenig länger. So ist am Ende zu fragen, was diese Zeitdimensionen für eine Darstellung bedeuten, die die Geschichte des Amtes vor 1945 mit der seit 1951 verknüpft? Die Verwendung der gleichen Bezeichnung für das deutsche Außenministerium ist noch kein hinreichender Grund dafür. Aber es gibt Argumente, die in der Sache selbst begründet liegen. So sieht sich das Auswärtige Amt der Bundesrepublik selbst bis heute in der Tradition seiner Vorgängerinstitution. Während die Homepage des AA eine knappe Geschichte der Außenpolitik der Bundesrepublik bietet, nicht etwa der deutschen Außenpolitik seit 1870, findet sich auf der gleichen Internetseite ein Überblick über «Die Geschichte des Auswärtigen Amts. Von 1870 bis heute», und regelmäßig wurde in der Vergangenheit an runden Jahrestagen der Gründung des Ministeriums im 19. Jahrhundert gedacht. Dass dabei lange Zeit der Versuch unternommen wurde, insbesondere die Mitwirkung des Amtes an der verbrecherischen Politik des Dritten Reiches und die NS-Belastung deutscher Diplomaten zu marginalisieren, ergab sich nicht nur aus einer solchen Traditionsbildung, sondern war je früher desto stärker auch von dem Erfordernis bestimmt, die hohe personelle Kontinuität zwischen dem Amt in der Berliner Wilhelmstraße und dem Amt in der Koblenzer Straße in Bonn zu entproblematisieren.

Seit den 1990er Jahren, durchaus also schon vor Erscheinen des Buches «Das Amt und die Vergangenheit», hat sich indes ein kritischerer Blick auf die Geschichte des Auswärtigen Amts eingestellt. Dass mit der deutschen Vereinigung wieder ein deutscher Nationalstaat entstanden war, dessen Verhältnis zum 1945 untergegangenen Deutschen Reich im In- und Ausland diskutiert wurde, trug dazu ebenso bei wie die Entwicklung der historischen Forschung zum Nationalsozialismus. Eine Abkoppelung der Geschichte des Auswärtigen Amts seit 1951 von der Geschichte des Amts vor 1945 konnte daraus jedoch gerade nicht folgen. Vielmehr gewannen nun die Verbindungslinien, die aus der Zeit vor 1945, keineswegs nur den Jahren des Dritten Reiches, in die Jahre nach 1945 führten, neue Aufmerksamkeit. Eine solche Perspektive impliziert keine institutionelle Kontinuität und ignoriert auch nicht politikhistorische Zäsuren wie das Jahr 1945. Aber sie lenkt das Interesse auf längerfristige Entwicklungen, die das Jahr 1945 übergreifen, und vor diesem Hintergrund werden dann nicht nur die Kontinuitätslinien sichtbar, sondern eben auch die Wandlungsprozesse, seltener die Brüche, die die westdeutsche Gesellschaft der Nachkriegsjahrzehnte insgesamt kennzeichneten und zu ihrer Transformation beitrugen. Die jüngere zeithistorische Forschung hat diese Transformationsprozesse als Liberalisierung, Westernisierung oder auch Zivilisierung bezeichnet.

Diese Prozesse erfassten in komplexen, spannungsreichen und immer wieder konflikthaften Entwicklungen auch das Auswärtige Amt und den Auswärtigen Dienst, die in institutionellen wie individuellen Lern- und Anpassungsprozessen ihren Platz im demokratischen Institutionengefüge eines freiheitlichen Staates fanden. Eine reine Erfolgsgeschichte ist das nicht, wohl aber die Geschichte einer am Ende geglückten Transformation, zu der auch äußere Faktoren wie der Gestaltwandel internationaler Beziehungen durch den Ost-West-Konflikt, der «Primat der verflochtenen Interessen» (Christian Hacke) und der außenpolitische Imperativ der Aussöhnung und Kooperation, erst im Zeichen der Westintegration, dann im Zeichen der Ostpolitik, entscheidend beitrugen. In einer immer enger verflochtenen Welt hat freilich zugleich der Niedergang des klassischen Nationalstaats in Prozessen der Transnationalisierung und Entterritorialisierung zu einem Funktionswandel von Diplomatie und Diplomaten geführt, der vielfach, auch in den Außenministerien und den Auswärtigen Diensten selbst, als Bedeutungsverlust wahrgenommen wird. Andere Akteure haben demgegenüber in der Pflege auswärtiger Beziehungen an Bedeutung gewonnen, und auf übernationaler Ebene, insbesondere in der

Europäischen Union, sind diplomatische Parallelstrukturen und Parallelinstitutionen entstanden, die heute Funktionen übernehmen, die einst ausschließlich auf nationaler Ebene angesiedelt waren. Die moderne Diplomatie, so wie wir sie kennen, entwickelte sich im Aufstieg des modernen Territorialstaats, und auch die Geschichte des Auswärtigen Amts im Kontext der Etablierung und Entfaltung des deutschen Nationalstaats ist ein Teil dieser Prozesse. Aber Diplomatie und diplomatische Institutionen – und auch das zeigte diese Darstellung – sind nicht unveränderlich, sondern unterliegen einer permanenten Dynamik des Wandels, der Anpassung an sich verändernde internationale, aber eben auch innerstaatliche und innergesellschaftliche Entwicklungen. Immer wieder waren dabei Wandel und Anpassung Reaktionen auf – tatsächlichen oder vermeintlichen – Bedeutungsverlust. Durch die Geschichte des Auswärtigen Amts jedenfalls seit 1870/71 zieht sich dieses Thema wie ein roter Faden und verbindet die Entwicklungen der Zeit vor 1945 mit jenen der Zeit danach.

Dennoch hat sich in den Jahrzehnten der Bundesrepublik ein Auswärtiges Amt entwickelt, das trotz der Übernahme des tradierten Namens mit dem Amt des Deutschen Reiches kaum mehr etwas gemein hat. Läge es nicht in der Konsequenz dieser Tatsache, wenn das Auswärtige Amt im Jahr 2020 nicht sein 150-jähriges Bestehen feierte, sondern ein Jahr später, 2021 – freilich ohne die Geschichte seiner Vorgängerinstitution zu entsorgen –, sein 70-jähriges: als Auswärtiges Amt der Bundesrepublik, das in den Jahrzehnten seiner Existenz eine eigene Tradition als Ministerium eines freiheitlich-demokratischen Staates herausgebildet hat, die der Rückverlängerung ins 19. und frühe 20. Jahrhundert nicht bedarf und die ihr letztlich auch widerspricht?

Literatur (in Auswahl)

Akten zur Auswärtigen Politik der Bundesrepublik Deutschland, hg. vom Institut für Zeitgeschichte, München 1994 ff.

Akten zur deutschen auswärtigen Politik 1918–1945. Aus dem Archiv des Auswärtigen Amts, Frankfurt a. M. u. a. 1950–1995.

Matthew S. Anderson: The Rise of Modern Diplomacy 1450–1919, New York 1993.

Auswärtiges Amt (Hg.): Biographisches Handbuch des deutschen Auswärtigen Dienstes 1871–1945 (5 Bde.), Paderborn u. a. 2000–2013.

Auswärtiges Amt (Hg.): 100 Jahre Auswärtiges Amt 1870–1970, Bonn 1970.

Auswärtiges Amt (Hg.): 125 Jahre Auswärtiges Amt. Festschrift, Bonn 1995.

Rainer A. Blasius: Für Großdeutschland – gegen den großen Krieg. Ernst Freiherr von Weizsäcker in den Krisen um die Tschechoslowakei und Polen, Köln u. a. 1981.

Rainer A. Blasius: Der Wilhelmstraßen-Prozess gegen das Auswärtige Amt und andere Ministerien, in: Gerd R. Ueberschär (Hg.): Der Nationalsozialismus vor Gericht, Frankfurt a. M. 2000, S. 187–198.

Enrico Brandt/Christian Buck (Hg.): Auswärtiges Amt. Diplomatie als Beruf, Wiesbaden 2005.

Martin Broszat/Klaus Schwabe (Hg.): Die deutschen Eliten und der Weg in den Zweiten Weltkrieg, München 1989.

Christopher R. Browning: Die «Endlösung» und das Auswärtige Amt. Das Referat D III der Abteilung Deutschland 1940–1943, Darmstadt 2010 (engl. Originalausgabe 1978).

Eckart Conze/Norbert Frei/Peter Hayes/Moshe Zimmermann: Das Amt und die Vergangenheit. Deutsche Diplomaten im Dritten Reich und in der Bundesrepublik, München 2010 u. ö.

Eckart Conze: Neuigkeiten für das Auswärtige Amt? Völkermord als Problem der Diplomatie, in: Norbert Kampe/Peter Klein (Hg.): Die Wannseekonferenz am 20. Januar 1942. Dokumente, Forschungsstand, Kontroversen, Köln 2013, S. 259–275.

Die Große Politik der Europäischen Kabinette 1871–1914. Sammlung der Diplomatischen Akten des Auswärtigen Amts, Berlin 1922–1927.

Hans-Jürgen Döscher: Das Auswärtige Amt im Dritten Reich. Diplomatie im Schatten der «Endlösung», Berlin 1987.

Hans-Jürgen Döscher: Seilschaften. Die verdrängte Vergangenheit des Auswärtigen Amts, Berlin 2005.

Hans-Jürgen Döscher: Verschworene Gesellschaft. Das Auswärtige Amt unter Adenauer zwischen Neubeginn und Kontinuität, Berlin 1995.

Kurt Doß: Das Auswärtige Amt im Übergang vom Kaiserreich zur Weimarer Republik. Die Schülersche Reform, Düsseldorf 1977.

Norbert Frei/Annette Weinke: Warum es um die «Mumien» einsam wird. Das Ende der Legende vom «anständig» gebliebenen Auswärtigen Amt, in: Blätter für deutsche und internationale Politik 12 (2010), S. 75–83.

Hermann Graml: Bernhard von Bülow und die deutsche Außenpolitik. Hybris und Augenmaß im Auswärtigen Amt, München 2012.

Peter Grupp: Juden, Antisemitismus und jüdische Fragen im Auswärtigen Amt in der Zeit des Kaiserreichs und der Weimarer Republik. Eine erste Annäherung, in: ZfG 46 (1998), S. 237–249.

Wilhelm Haas: Beitrag zur Geschichte der Entstehung des Auswärtigen Dienstes der Bundesrepublik Deutschland, Bremen 1969.

Helga Haftendorn: Deutsche Außenpolitik zwischen Selbstbeschränkung und Selbstbehauptung 1945–2000, Stuttgart 2001.

Keith Hamilton/Richard Langhorne: The Practice of Diplomacy. Its Evolution, Theory and Administration, London 1995.

Karl-Alexander Hampe: Das Auswärtige Amt in der Ära Bismarck, Bonn 1995.

Karl-Alexander Hampe: Das Auswärtige Amt in Wilhelminischer Zeit, Münster 2001.

Anja Heuß: Die Beuteorganisation des Auswärtigen Amtes. Das Sonderkommando Künsberg und der Kulturgutraub in der Sowjetunion, in: VfZ 45 (1997), S. 535–556.

Klaus Hildebrand: Das vergangene Reich. Deutsche Außenpolitik von Bismarck bis Hitler, Stuttgart 1995.

Leonidas Hill (Hg.): Die Weizsäcker-Papiere, 2 Bde., Frankfurt a. M. u. a. 1974 und 1982.

Brian Hocking (Hg.): Foreign Ministries in the European Union. Integrating Diplomats, London 2005.

Hans-Adolf Jacobsen: Nationalsozialistische Außenpolitik 1933–1938, Frankfurt a. M./Berlin 1968.

Michael Jonas: «Can one go along with this?» German Diplomats and the Changes of 1918–19 and 1933–34, in: Journal of Contemporary History 47 (2012), S. 240–269.

Claus v. Kameke: Einblicke. Das Auswärtige Amt zwischen 1871 und 2001 (3 Bde.), Bonn 2003.

Martin Kröger: Schule der Diplomatie. Zur Geschichte der Ausbildung im Auswärtigen Dienst, in: Auswärtiges Amt/Bundesamt für Bauwesen und Raumordnung (Hg.): Villa Borsig, Köln 2006, S. 11–21.

Peter Krüger/Erich J. C. Hahn: Der Loyalitätskonflikt des Staatssekretärs Bernhard Wilhelm von Bülow im Frühjahr 1933, in: VfZ 20 (1972), S. 376–410.

Benigna v. Krusenstjern: «daß es Sinn hat zu sterben – gelebt zu haben». Adam von Trott zu Solz 1909–1944, Göttingen 2009.

Cecil Lamar: The German Diplomatic Service, 1871–1914, Princeton 1976.

Albrecht Lohmann: Die Botschafter. Eine Kulturgeschichte der Diplomatie, Düsseldorf 1976.

Peter Longerich: Propagandisten im Krieg. Die Presseabteilung des Auswärtigen Amtes unter Ribbentrop, München 1987.

Thomas Maulucci: Adenauer's Foreign Office. West German Diplomacy in the Shadow of the Third Reich, DeKalb, Ill., 2012.

Markus Mößlang (Hg.): The Diplomats' World. A Cultural History of Diplomacy, 1815–1914, Oxford 2008.

Claus M. Müller: Relaunching German Diplomacy. The Auswärtiges Amt in the 1950s, Münster 1996.

Ursula Müller/Christiane Scheidemann (Hg.): Gewandt, geschickt, abgesandt. Frauen im Diplomatischen Dienst, München 2000.

Manfred Overesch: Gesamtdeutsche Illusion und westdeutsche Realität. Von den Vorbereitungen für einen deutschen Friedensvertrag zur Gründung des Auswärtigen Amts der Bundesrepublik Deutschland 1946–1949/51, Düsseldorf 1978.

Johannes Paulmann (Hg.): Auswärtige Repräsentationen. Deutsche Kulturdiplomatie nach 1945, Köln u. a. 2005.

Johannes Paulmann: Diplomatie, in: Jost Dülffer/Wilfried Loth (Hrsg.): Dimensionen internationaler Geschichte, München 2012, S. 47–64.

Heribert Piontkowitz: Anfänge westdeutscher Außenpolitik 1946–1949. Das Deutsche Büro für Friedensfragen, Stuttgart 1987.

Dirk Pöppmann: Im Schatten Weizsäckers? Auswärtiges Amt und SS im Wilhelmstraßen-Prozess, in: Kim C. Priemel/Alexa Stiller (Hg.): NMT. Die Nürnberger Militärtribunale zwischen Geschichte, Gerechtigkeit und Rechtschöpfung, Hamburg 2013, S. 320–352.

Ulrich Sahm: Rudolf von Scheliha. Ein deutscher Diplomat gegen Hitler, München 1990.

Jan Erik Schulte/Michael Wala (Hg.): Widerstand und Auswärtiges Amt. Diplomaten gegen Hitler, Berlin 2013.

Klaus Schwabe (Hg.): Das Diplomatische Korps 1871–1945, Boppard 1985.

Paul Seabury: The Wilhelmstrasse. A Study of German Diplomats under the Nazi Regime, Berkeley u. a. 1954.

Ingmar Sütterlin: Die «Russische Abteilung» des Auswärtigen Amtes in der Weimarer Republik, Berlin 1994.

Marion Thielenhaus: Zwischen Anpassung und Widerstand. Deutsche Diplomaten 1938–1941, Paderborn 1984.

Anuschka Tischer: Art. «Botschafter» und «Diplomatie», in: Enzyklopädie der Neuzeit, Bd. 2, Stuttgart/Weimar 2005, Sp. 367–370 u. 1027–1041.

Sebastian Weitkamp: Braune Diplomaten. Horst Wagner und Eberhard von Thadden als Funktionäre der «Endlösung», Bonn 2008.

Andrea Wiegeshoff: «Wir müssen alle etwas umlernen». Zur Internationalisierung des Auswärtigen Dienstes der Bundesrepublik Deutschland 1945/51–1969, Göttingen 2013.

Personenregister